AF174880

OSIRIS

ALEJANDRA IZQUIERDO PERALES

OSIRIS
El dios de la momificación

EDITORIAL DILEMA
MADRID 2024

Publicado por:
Editorial Dilema
Ibáñez Marín, 11
28019-MADRID
Teléfonos: 91 472 9071 / 670 367 479
info@editorialdilema.com
www.editorialdilema.com

© Alejandra Izquierdo Perales, 2024
© Editorial Dilema, 2024

Diseño de Portada: María Pérez-Aguilera - mariap.aguilera@gmail.com
Foto de la portada: Momia de grano de Osiris, época ptolemaica, MMA 44.6.1
Maquetación: JMPG - jmpg731@gmail.com
I.S.B.N. 978-84-9827-667-1
Depósito Legal: M-10472-2024

Para David
y para todos nuestros seres queridos que ya no están con nosotros

Índice

Agradecimientos 11
Abreviaturas 13
Introducción 15

1. El mito de Osiris 17
2. La momificación como una repetición del mito de Osiris . . 29
   El ritual de la momificación 29
   Rituales funerarios después de la momificación 38
   La identificación del muerto con Osiris 42
3. Osiris a través de los siglos 49
   Los atributos y el nombre de Osiris 49
   Osiris en el Reino Antiguo y en los
      Textos de las pirámides 52
   El culto osiriano durante el Reino Medio:
      ¿una democratización del más allá? 55
   Osiris en el Reino Nuevo: el periodo de Amarna,
      la unidad solar-osiriana, el *Libro de los muertos*
      y otros textos funerarios 59
   El auge del dios Osiris durante el I milenio 63
   El final del culto a Osiris 65

4. Aspectos del dios 71

Dios del más allá y juicio de Osiris 71

Un dios de la naturaleza, la fertilidad y el Nilo 75

El vino 79

Los astros 79

El toro Apis 81

Serapis 85

Sokar-Osiris y Ptah-Sokar-Osiris 88

El ave benu 89

5. El culto a Osiris 93

El festival de Khoiak y las capillas osirianas de Dendera 93

Osiris en Karnak 98

El Osireion de Oxirrinco 99

La isla de Biga 101

Abidos 104

Busiris 108

El festival de Año Nuevo 109

Festival *Wag* 111

Conclusiones 113

Notas 117

Bibliografía 135

Agradecimientos

En primer lugar, me gustaría dar las gracias a José Miguel Parra por contar conmigo para la elaboración de este libro, sin sus ánimos y apoyo no hubiese sido posible publicarlo. En segundo lugar, agradecer a Maite Mascort la revisión que ha realizado, con mucho cariño, del apartado de Oxirrinco. En tercer lugar, a todos los investigadores que han puesto su granito de arena en mi formación durante mis años de investigación predoctoral y que ahora continúan apoyándome durante mi etapa postdoctoral, como son, principalmente, Raquel Martín Hernández, Ana Isabel Jiménez San Cristóbal, José Ramón Pérez-Accino e Inmaculada Vivas Saiz. También me gustaría aprovechar la ocasión para expresar mi agradecimiento por el cariño y la paciencia de mi madre. Y, por último, me gustaría darles las gracias a mis amistades, Miriam Bueno, Lorena Rebollo, Aida Fernández Prieto, Luisa Navarro, David Villar, Cristina López, a todas las personas que me apoyan en mi día a día, así como a mi pareja, David Martín, por su apoyo incondicional y por entenderme cuando me excedo en el trabajo por mi amor hacia la egiptología.

Abreviaturas

LM	*Libro de los muertos*
TA	*Textos de los ataúdes*
TP	*Textos de las pirámides*
IFAO	Institut Français d'Archéologie Orientale
TLA	*Thesaurus Linguae Aegyptiae*
NP	Nombre propio

Introducción

Una de las divinidades más importantes del antiguo Egipto es el dios Osiris. El mito de Osiris establecía un modelo por el cual los egipcios podían revivir tras la muerte gracias a los ritos funerarios de la momificación. De esta forma, el dios proponía una regeneración de la naturaleza terrenal y espiritual. Sin embargo, esta revivificación era posible gracias al trabajo de sus dos hermanas, Isis y Neftis, y de Anubis. Pero el mito de Osiris iba más allá, porque también apoyaba la continuidad de la monarquía egipcia, ya que Horus era hijo de Isis y de Osiris. Por tanto, el mito osiriano cumplía diferentes propósitos dentro de la mentalidad egipcia. Además, a través de él se establecía el mito de la momificación, fundamental dentro de los rituales funerarios, ya que por medio del embalsamamiento se identificaban con el dios Osiris, de esta forma la persona momificada se convertía en un Osiris.

Al mismo tiempo, fue un dios que evolucionó a lo largo de los siglos. La religión egipcia se adaptó a los diferentes momentos históricos y, por ello, podemos observar cómo la sociedad, la política, y las necesidades de cada momento fueron moldeando lo religioso a través de un proceso de cambio. Osiris va a ser especialmente relevante a partir del I milenio a. C. Además, se trata de una divinidad polifacética, con diferentes atributos y elementos asociados a su figura como son la constelación de Orión, el pilar *djed* o el toro Apis de Menfis.

En cuanto al culto de Osiris, vamos a observar diferentes lugares de culto a lo largo de todo el valle del Nilo y festivales religiosos como el de Khoiak, en el que se festejaba la muerte y revivificación del dios.

A lo largo de este libro podremos profundizar en los diferentes aspectos del dios que nos permitirán entender la complejidad de su figura más allá de la momificación y también conocer mejor la religión egipcia. Por ello, en el capítulo 1 abordaremos el mito de Osiris sirviéndonos de las fuentes egipcias y las griegas. A continuación, en el capítulo 2 analizaremos el proceso de momificación como un ritual funerario que tenía como objetivo la repetición del mito de Osiris y la identificación con el dios. En el capítulo 3 abordaremos la evolución de la figura de Osiris a lo largo de los diferentes periodos de la historia egipcia y el final de su culto debido a la expansión del cristianismo. En el capítulo 4 trataremos los diferentes aspectos del dios más allá de la momificación. Finalmente, en el capítulo 5, trataremos el culto a Osiris y algunos de sus centros de culto más importantes.

I

El mito de Osiris

El mito de Osiris es quizá uno de los más antiguos de la mitología egipcia y con él se da una explicación a la vida después de la muerte. Osiris ya aparece en los *Textos de las pirámides* y los reyes del Reino Antiguo se identificaban con el dios para asegurar su acceso al más allá, pero su trayectoria no finaliza aquí, sino que tenemos constancia de la pervivencia de este mito hasta época romana.

Las fuentes egipcias no nos narran un mito de Osiris al estilo que estamos acostumbrados en el mundo occidental, debido a que se trata de textos religiosos que no poseen un carácter descriptivo, sino ritual, donde las personas que acceden a su lectura ya conocen el mito. Además, en ellos la construcción de la narrativa no es lo primordial, ya que lo que se busca es realizar una fórmula mágica, que puede ser de invocación, para que sea efectivo el ritual. Por este motivo hay que esperar hasta Plutarco, escritor romano de finales del siglo I d. C. para encontrar una historia completa del mismo. No obstante, aunque Plutarco constituye una fuente primaria fundamental para estudiar este mito, hay que tener presente que no es un escritor egipcio y que su contexto histórico le influye al escribir sobre Osiris.

Antes de describir el mito de Osiris como tal, resulta relevante contextualizar brevemente a Plutarco para entender ciertos matices cuando nos habla del dios egipcio. En primer lugar, desde Heródoto en el siglo V a. C. encontramos una interpretación griega de los dioses egipcios, es decir, los escritores griegos y romanos establecen comparativas entre sus dioses y los de los egipcios. Además, Heródoto ya dice que Osiris es Dioniso, una relación que se va a mantener en otros autores grecolatinos que hablen de Osiris, como Diodoro de Sicilia y Plutarco. A través de las fuentes griegas conocemos la profunda admiración de los griegos hacia lo egipcio[1] ya desde épocas antiguas y por este motivo los griegos situaron en este territorio algunos de sus mitos o personajes mitológicos. Ejemplo de estas comparativas es que para estos autores Osiris es Dioniso, Horus es Apolo y Seth es Tifón. Además, nos han llegado representaciones artísticas donde interpretan divinidades egipcias con una estética griega, como es por ejemplo el caso de las figurillas de Isis-Afrodita (foto 1).

Este fenómeno está relacionado con la plasticidad de la creencia religiosa individual en el mundo antiguo, cuando la religión tenía un carácter más flexible en comparación con las religiones monoteístas, donde existen unos dogmas de fe y una estructura mucho más rígida al tratarse de religiones de libro. En Egipto, al igual que en Grecia, cada provincia poseía sus divinidades principales, creencias y mitos particulares que podían diferir de lo que se creía en otras zonas; aunque todo era parte de la misma religión, las creencias y los mitos también podían tener tradiciones regionales que convivían al mismo tiempo con otras que compartían todos los egipcios, o todos los griegos en su caso. Este aspecto es relevante también para entender por qué motivo estos autores no tuvieron problema al establecer paralelismos entre diferentes figuras mitológicas. Por ejemplo, si un griego, como es el caso de Heródoto, comprende que la figura de Amón es la misma que la de Zeus, entonces no tendrá grandes problemas en aceptar que Osiris es el mismo que Dioniso. Cabe señalar que esta relación entre los dioses griegos y los egipcios no es exclusiva de los escritores grecolatinos.

Además, durante el I milenio a. C. hay una gran movilidad de los diferentes pueblos que habitan el Mediterráneo, sobre todo a partir del imperio de Alejandro Magno y la creación de los reinos helenísticos.

En este contexto, Egipto es una potencia de referencia debido a la riqueza del país y a la popularidad de la ciudad de Alejandría como centro del conocimiento en el mundo antiguo.

Por otro lado, Plutarco está muy influido por un fenómeno religioso de origen helenístico conocido como el orfismo,[2] el cual está vinculado a la mitología de Dioniso y a Orfeo como transmisor de este tipo de ritual, conocido como τελετή. A través de estos rituales los iniciados conocían los caminos al Hades, por lo que preparaban a las personas en su futuro tránsito a la otra vida y las salvaban de posibles complicaciones porque conocían los misterios del más allá y de esta forma podían vivir eternamente.[3] Por tanto, la comparativa entre Osiris y Dioniso no es aleatoria, forma parte de una tradición que viene desde Heródoto y también se ve reforzada por la popularidad del orfismo en este periodo. Por ello, cuando nos aproximamos al texto *De Iside et Osiride* de Plutarco debemos ser precavidos, ya que hay ciertas narrativas que Plutarco atribuye a Osiris cuando en realidad son de Dioniso. Plutarco nos ofrece una hoja de ruta muy útil, pero esta obra debe ser contrastada siempre con las fuentes egipcias para conocer la realidad del mito osiriano. Por ese motivo, en el presente capítulo iremos exponiendo el mito de Osiris a través de Plutarco comparándolo con las fuentes egipcias para poder dilucidar lo que hay de cierto en el relato del escritor romano.

Plutarco empieza su relato contándonos que el dios Ra había prohibido a la diosa Nut y a Geb (para él Rea y Crono respectivamente) tener relaciones sexuales; sin embargo, estos dos dioses consiguieron unirse y engendraron a Osiris (𓊨𓁹 *Wsir*) (foto 2), Seth (𓋴𓏏𓄘, 𓃩 o *Stẖ*), Isis (𓊨𓏏𓆇 o 𓊨𓏏 *3st*) y Neftis (𓎟𓏏𓉗, 𓉠𓏤 o 𓉠 *Nbt-ḥwt*).[4] Desde los *Textos de las pirámides* se considera a estos cuatro hermanos hijos de Geb (𓅬𓃀𓃀 *Gbb*) y Nut (𓏏𓏤 *Nwt*).[5]

Según la cosmogonía heliopolitana, Geb y Nut tienen cuatro hijos:[6] Osiris, Isis, Seth y Neftis. Nut era la diosa que personificaba el cielo y Geb era el dios que representaba la tierra, por lo que en muchas ocasiones en los ataúdes y en algunos papiros podemos observar a las dos divinidades separadas por Shu (foto 3).

Además, a partir del Reino Medio los cinco días epagómenos se conocen como los días del nacimiento de los dioses, tradición que se mantiene hasta época de Plutarco, ya que el autor también señala el nacimiento de estos dioses en estos días.[7] El calendario egipcio se dividía en tres estaciones, cada una de cuatro meses, es decir, el año era de doce meses, a los que se les sumaban cinco días epagómenos (Tabla 1). Estos cinco días se encontraban en el calendario civil egipcio entre el último día del año (el 30 de mesore) y el primer día del año (el 1 de Thot), que se situaba a finales de nuestro julio.[8] Según la mitología egipcia, durante los días epagómenos tenía lugar el nacimiento de Osiris, Horus, Seth, Isis y Neftis, en este orden[9]. El primer día epagómeno sucedía el nacimiento de Osiris[10] como primogénito. Una vez finalizados estos cinco días llegaba el 1 de Thot, que era el primer día del año y el momento en que se festejaba el *wp rnpt* (o), es decir, el festival de año nuevo (véase el capítulo 5).[11] Por tanto, el nacimiento mitológico de Osiris en el calendario egipcio marcaba el inicio de un nuevo ciclo y es un aspecto del dios que ya nos indica Plutarco.

Calendario egipcio[12]	
Cinco días epagómenos (5 *ḥryw-rnpt*)	
Estación de *akhet* (*3ḥt*) (la inundación)	1. Mes de Thot (*ḏḥwty*) 2. Mes de panophi (*p3 n ipt*) 3. Mes de hathyr (*ḥwt ḥr*) 4. Mes de khoiak (*k3-ḥr-k3*)
Estación de *peret* (*prt*) (la siembra)	1. Mes de tybi (*t3 ʿbt*) 2. Mes de mecheir (*p3 mḥr*) 3. Mes de pamenhotep (*p3 n imnw-ḥtp*) 4. Mes de parmuthi (*p3 n rnnwtt*)
Estación de *shemu* (*šmw*) (la cosecha)	1. Mes de pakhons (*p3 n ḥnsw*) 2. Mes de paone (*p3 n int*) 3. Mes de epeiph (*ipip*) 4. Mes de mesore (*mswt rʿ*)

Tabla 1

Plutarco continúa su relato hablando de los matrimonios entre los hijos de Nut y Geb. Neftis se casa con Seth e Isis con Osiris. Según él, Isis y Osiris se habían enamorado dentro del útero de su madre Nut y nos señala que algunas tradiciones decían que allí habrían engendrado a Horus y que por eso este nace el segundo día de los epagómenos.[13] Sin embargo, aunque las fuentes egipcias nos señalan numerosas veces el matrimonio de Isis con Osiris, el nacimiento de Horus en el tercer día epagómeno no tiene que ver con el momento en que es engendrado por Isis y Osiris, sino con la faceta de Horus como legítimo heredero de Osiris. En los textos egipcios hay referencias a esta mitología desde los *Textos de las pirámides*, donde ya se dirigen a Horus como hijo de Osiris.[14]

A continuación, Plutarco relata cómo Osiris se convierte en rey de los egipcios y cómo les enseña la civilización ofreciéndoles las leyes, enseñándoles los rituales religiosos y la agricultura. Una vez instruidos los egipcios, se marcha a enseñar al resto del mundo mientras que Isis se queda gobernando en Egipto.[15] No obstante, aunque por lo general en las fuentes egipcias y en las griegas Osiris se presenta como un dios benevolente, tenemos una excepción en la cual Osiris hace algo que no debería hacerse. En el texto apocalíptico del papiro Salt 825 (dinastía XXX), Osiris se rebela contra Shu por motivos que desconocemos; pero, finalmente, Shu termina ayudando a Osiris. De hecho, el propio texto resalta la importancia al final de la preservación del culto para mantener el orden de la creación.[16] Por tanto, aunque el dios no se comporte en este caso como un ejemplo a seguir, la historia tiene un final feliz.

El historiador grecorromano nos cuenta cómo al regreso de Osiris, Seth organiza una conjura en su contra en la que participan setenta y dos cómplices y una reina etíope. Seth había medido a Osiris y había ordenado realizar un ataúd de la talla del dios, para «sortearlo» en un banquete al que asiste Osiris. El ganador del sorteo sería el que tuviese las mismas medidas y esto se comprobaría metiéndose cada uno de los presentes dentro. El único que cabe en el ataúd es Osiris y una vez que está dentro probándolo, los conspiradores cierran la tapa.[17] Osiris reinó durante veintiocho años y fue asesinado el 17 de hathyr.[18]

A lo largo de la historia egipcia en múltiples fuentes se señala a Seth como el asesino de Osiris. Dentro del pensamiento egipcio, este asesinato constituía una ruptura del orden cosmogónico, de la *maat*.[19]

Después de esto, Seth y sus seguidores tiraron el ataúd por la zona del delta oriental. Según Plutarco, Isis se entera de la muerte de Osiris gracias a los panes y los sátiros, personajes típicos de la religión griega y que nada tienen que ver con la mitología egipcia. Entonces Isis va en busca de su hermano Osiris.[20]

En las fuentes egipcias no se relata con detalles este periplo del asesinato de Osiris, aunque desde los *Textos de las pirámides* se considera a Seth el contrincante y asesino de Osiris.[21] De hecho, en algunas fuentes se habla de que el lugar donde lo asesina es Nedyt (*Ndit/Ndyt*), un lugar mitológico que se relaciona con Abidos y probablemente con el ahogamiento del dios.[22]

De hecho, en la estela Berlín 1204 del Reino Medio, Ikhernofret habla de *Nedyt*. En esta estela Ikhernofret es enviado por el rey a Abidos para construir un monumento a Osiris-Khentiamentiu y adornar su estatua de culto con electro. Ikhernofret detalla cómo se ha encargado de todo lo relativo al dios, incluso de la procesión de Wepwawet, que vengó a Osiris-Wennefer el día de la gran lucha, que él sometió a los enemigos de Osiris:

sḫr.n.i ḫtfw.f nb ṯz n(y) Ndyt

Yo he derribado todos sus enemigos en el banco de arena de Nedyt

Por tanto, sí que existe un conflicto que lleva a Osiris al más allá, pese a que los egipcios no hablen de la forma de morir del dios directamente en los textos del Reino Antiguo.[23]

No obstante, en los *Textos de las pirámides* hay algunas referencias a la muerte por ahogamiento de Osiris y también en la piedra de Shabaka (BM EA 498, dinastía XXV).[24] Isis y Neftis recuperan rápidamente el cuerpo de Osiris para que este no se corrompa y poder darle un buen enterramiento. A los egipcios les preocupaba este tipo de muerte porque no ayudaba a la preservación incorrupta de la persona difunta y, además, el ahogamiento podía constituir un castigo en algunas sentencias judiciales, ya que era un tipo de muerte que destruía el cuerpo.[25] Griffiths señala que en época tardía, en concreto en la piedra de Shabaka, para los egipcios la muerte por ahogamiento de Osiris en el Nilo se consideraba algo positivo.[26] En este sentido el agua del Nilo daba vida, pero también podía arrebatarla.[27]

Mientras tanto, el ataúd de Osiris llega a Biblos y se queda varado bajo una erica que crece enormemente. El rey de Biblos, admirado por la mata, decide cortar la erica que contiene sin él saberlo el ataúd y la lleva a su palacio. Isis llega a Biblos y consigue que la reina la convierta en nodriza de su hijo. La reina descubre a la diosa cuando ésta intenta convertir en inmortal al príncipe, por lo que en ese momento Isis se revela, descubre su identidad y reclama el ataúd que contiene a Osiris.[28] Esta idea de que Isis trata de otorgar la inmortalidad a este niño es una influencia del mito de Deméter y no forma parte de las creencias egipcias, sino que es un añadido de origen griego.

Esta idea del árbol que crece sobre Osiris difunto resulta interesante, ya que en el arte funerario egipcio en algunas ocasiones podemos observar un árbol al lado o encima de la tumba de Osiris,[29] como por ejemplo en el edificio de Taharqa en el lago sagrado de Karnak,[30] donde se lee lo siguiente en el texto que acompaña a la representación:

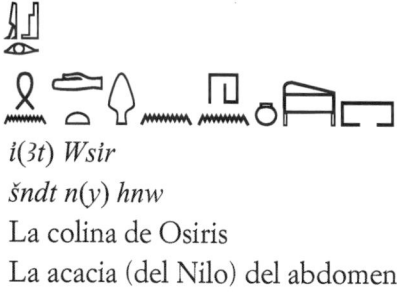

i(3t) Wsir
šndt n(y) hnw
La colina de Osiris
La acacia (del Nilo) del abdomen

También podemos observar la tumba de Osiris representada de otra forma, como es por ejemplo en el caso del cartonaje ptolemaico del Louvre E 10479, donde sobre la misma hay un chacal protegiéndola e Isis y Neftis lloran a cada lado de ella.

Las representaciones de la tumba de Osiris suelen incluir tres elementos, tal como indica Colonna:[31] agua, colina y árbol o árboles. El agua alude a las aguas del Nun, la colina recordaba a la colina que emerge en el momento de la creación, por lo que la tumba de Osiris es un lugar de vida, y los árboles la conectan con los ciclos de la naturaleza y la generación de vida. Esta imagen de la tumba de Osiris como un montículo rodeado de agua que produce vida también recuerda a la geografía egipcia en el momento de la crecida del Nilo (véase el capítulo 4).[32]

Según Plutarco, Isis consigue el ataúd, vuelve a Egipto y va a Buto, donde está su hijo Horus. En esta zona esconde el ataúd, pero Seth lo encuentra una noche gracias a la luz de la luna. Seth, al reconocer el cuerpo de su hermano, lo despedaza en catorce partes que disemina por todo Egipto.[33] Este aspecto es muy interesante, porque tiene su origen en las fuentes egipcias, ya en los *Textos de las pirámides* se alude al desmembramiento de Osiris.[34] Esta idea continúa a lo largo de toda la historia egipcia y podemos leerla en documentos posteriores como es el papiro Jumilhac (XVII).[35] Se llegó a plantear en en el siglo XX que existió en algún momento un descuartizamiento del cuerpo de los reyes por motivos rituales dentro de los rituales funerarios; pero no parece que fuese así por la falta de referencias a este supuesto rito en este periodo y porque, además, los textos funerarios hablan de impedir este desmembramiento, por lo que no tiene una base histórica. Esta idea de que los miembros deben ser reunificados está relacionada con la unión de todos los espíritus y partes del cuerpo que sucede durante el proceso de momificación,[36] cuyo proceso se explicará en el capítulo 2.

Isis busca los restos de Osiris a lo largo de todo el Nilo y consigue recuperar todos los pedazos, menos el falo, ya que se lo habían comido entre los peces lepidoto, pagro y oxirrinco.[37] Plutarco nos dice que son Isis y Neftis, las dos hermanas, también conocidas como las dos milanos, las que recuperan todos los restos de Osiris y se los llevan a Anubis para realizar la momificación. El papel de las Dos Hermanas en los textos funerarios va a ser muy importante a lo largo de la historia egipcia, y ya en los *Textos de las pirámides* se habla de cómo se lamentan por la muerte de su hermano a la vez que piden justicia:

> Así dicen Isis y Neftis: [...] ellas vienen buscando a su hermano Osiris, buscando a su hermano el rey. Llora por tu hermano, Isis, llora por tu hermano, Neftis. [...] has aliviado a Horus de su carga, para que pueda castigar a los seguidores de Seth.[38]

Por otro lado, dice Plutarco que, estando Osiris muerto, Isis se queda embarazada de Harpócrates.[39] Harpócrates es el dios Horus de niño. Harpócrates suele aparecer representado encima de las piernas de su madre Isis como si fuese un niño de aproximadamente tres años y, en muchas ocasiones, se le muestra con un dedo sobre la boca y el peinado típico de los niños en el antiguo Egipto, la cabeza rapada excepto una trenza en un lateral (foto 4).

Los egipcios no tenían pudor al hablar del acto sexual. Por ese motivo encontramos en su mitología diferentes momentos en los que dos divinidades copulan o incluso veneran al dios Min, que es un dios itifálico. Cuando hablan de la cópula entre Nut y Geb lo hacen con naturalidad y lo mismo sucede en el momento en que describen la relación sexual entre Isis y Osiris. Desde los *Textos de las pirámides*[40] se describe esta unión entre los dos hermanos y progenitores de Horus. Al igual que en el caso de Nut y Geb, es la diosa la que ocupa un lugar activo durante la cópula por encontrarse ella arriba. Se ha planteado que esta cópula divina una vez muerto el dios ayude a la regeneración del mismo en su ascenso al más allá y que el que hecho de que ascienda su semen tiene que ver con el ascenso al cielo del espíritu del difunto.[41] Las referencias a esta unión sexual no concluyen en este periodo, sino que continúan a lo largo de la historia egipcia.[42] Además, los egipcios no se limitan a describirlo en los textos funerarios, sino que también lo muestran en el arte de los diferentes templos, como es por ejemplo en el caso de la capilla de Ptah-Sokar del templo de Seti I en Abidos[43] o en el mismo templo de Dendera.

En algunas versiones Isis da a luz a Horus en las marjales de Akhmim.[44]

Plutarco continúa explicando que una vez que recupera todos los restos parece ser que Osiris vuelve del más allá y le enseña a Horus tácticas militares.[45] Horus entonces se enfrenta a su tío Seth para vengar a su madre y a su padre, Horus gana a su tío y lo entrega encadenado; pero Isis lo libera, tras lo cual Horus se enfada y le arranca la cabeza a su madre.[46] La lucha entre Horus y Seth formaba parte de la mitología egipcia desde los *Textos de las pirámides*,[47] donde ya hallamos referencias a este suceso. De hecho, en estos textos funerarios del Reino Antiguo se alude a que Horus pierde el ojo y que este a Seth le arranca los testículos.[48] Estas mutilaciones entre estos dos contrincantes continúan en la literatura funeraria, ya que hay referencias a estos sucesos en textos médicos y también en el llamado *Libro de los muertos*[49] del Reino Nuevo.

Además, estos ataques también se traducen en alguna versión en un intento de violación del tío al sobrino,[50] tras el cual Seth mediante una treta de Isis se come una lechuga rociada con el semen de Horus.[51] En *El cuento de Horus y Seth*, datado en la dinastía XII, y en *La contienda de Horus y Seth*, fechada en época ramésida, se narra este episodio.[52] En este sentido observamos una relación sexual entre hombres e incestuosa. En el antiguo Egipto no tenemos muchas pruebas sobre las relaciones sexuales y amorosas entre personas del mismo sexo, pero dentro de la mitología egipcia es Seth el que está más vinculado a esta práctica, por lo que hace con Horus y por su comportamiento que va en contra de lo culturalmente aceptado o correcto. Pese al relato, no podemos definir a Seth como un dios homosexual, porque se trata de un acto que tiene como objetivo el intento de sometimiento de Horus. Por ese motivo, esta práctica sexual entre estos dos dioses no se suele interpretar como una relación de deseo y con consentimiento, sino como una forma de subyugación del tío al sobrino.[53] Como bien relata Parra, hubo casos de violaciones entre hombres en Egipto que no deben confundirse con la homosexualidad, sino que representan un acto de sometimiento sin consentimiento, como es el caso de Seth contra Horus, y, por tanto, se trata de «un comportamiento contrario a Maat».[54]

Esta contienda entre Horus y Seth, donde Horus derrota al dios y a sus seguidores, concluye con un juicio. Según Plutarco es Seth el que lleva a Horus ante el tribunal de dioses; pero Horus, con la ayuda de Thot, es declarado heredero legítimo.[55] Sin embargo, en las fuentes egipcias es Horus el que lleva a su tío ante la justicia y, al igual que narra Plutarco, Thot ayuda en el juicio y apoya a Horus frente a Seth.[56] En la piedra de Shabaka es Geb el que le da el poder a Horus.[57] En cualquier caso, se produce la reconciliación entre ambos dioses, por lo que Horus gobierna con esta victoria que ayuda a su capacidad como gobernante. Por tanto, no debemos entender la victoria de Horus únicamente como un acto bélico, también como la integración del caos dentro del orden creador.[58]

Además, Plutarco nos cuenta que Anubis es hijo de Neftis y de Osiris. Según este autor, Osiris había tenido relaciones con Neftis pensando que era Isis, por lo que al enterarse la diosa Isis decide buscarlo y lo encuentra gracias a la ayuda de unos perros. Una vez lo encuentra, Isis lo cuida desde niño y desde entonces Anubis se convierte en su protector.[59]

En la mitología egipcia Anubis (𓇋𓈖𓊪𓅱 *Inpw*) es el que está en el lugar del embalsamamiento (𓄋𓏏 *wt* o 𓎁𓊃𓉐 *w'bt*) y señor de la necrópolis 𓇾𓂦 (*t3-dsr*).[60] Con la ayuda de las Dos Hermanas Anubis realiza la momificación a Osiris y los embalsamadores se identificaban con el dios, de hecho, portaban unas máscaras que se realizaban en madera[61] o cuero. Anubis es representado como un cánido, por lo que es posible que su aspecto tuviese relación con el deseo de protección del cuerpo, ya que estos animales solían vagar por las tumbas. Anubis, Khentiamentiu y Wepwawet son tres divinidades que se muestran como cánidos.[62]

Por tanto, y a modo de resumen, de acuerdo con las fuentes egipcias y Plutarco, sabemos que Nut y Geb crean a Osiris, Isis, Neftis y Seth. Isis y Osiris se convierten en reyes de Egipto, por lo que Seth, por envidia hacia su hermano, decide matarlo. Isis y Neftis, las dos hermanas, también conocidas como los dos milanos, recogen todos los restos de Osiris y con la ayuda de Anubis realizan la primera momificación y así le devuelven la vida a Osiris para que sea el rey del más allá. Durante este tiempo parece que el dios Seth gobierna Egipto mientras que Isis se esconde con Horus. Una vez que Horus, hijo de Isis y Osiris, llega a la mayoría de edad, se enfrenta a su tío Seth y lo derrota. Después asisten a un tribunal divino donde los dioses deciden que es Horus el legítimo heredero de Egipto. De esta forma, Horus se convierte en el último dios en gobernar Egipto y por ese motivo todos los reyes se identifican con Horus al gobernar y todos los reyes difuntos con Osiris, por lo que se reproduce en la realeza lo que sucede en el mito.

En el capítulo 3 abordaremos la evolución de Osiris a lo largo de los siglos a través de las fuentes egipcias una vez que ya hemos abordado en el presente capítulo el relato del mito.

2

La momificación como una repetición del mito del Osiris

EL RITUAL DE LA MOMIFICACIÓN

Osiris es el dios al que se le realiza el ritual de la momificación egipcia, ya que como hemos podido analizar en el capítulo anterior, es el dios al que se convierte en momia por primera vez en la historia y, por ello, cada vez que se realiza una momificación se está recreando lo que se hizo para el dios. Por tanto, la momificación no es simplemente la transformación física del cuerpo, sino que se trata de un ritual egipcio que repite para la persona difunta el mito de Osiris. Gracias a este ritual, la persona se identificaba con el dios. En este sentido, la momificación es la recreación en el ritual del mito de Osiris.

Aparte de Osiris hay tres divinidades que son fundamentales en este proceso y que se han mencionado anteriormente. En primer lugar, Isis y Neftis, que llevan los restos de su hermano ante Anubis, acompañan durante el ritual y ayudan con sus lamentos. Y, en segundo lugar, Anubis, el dios con cabeza de chacal y psicopompo, que realiza la primera momificación para el dios.

También resulta muy importante comentar brevemente los aspectos o espíritus de la persona difunta. Los egipcios creían que una persona estaba compuesta por diferentes espíritus o entidades, una de ellas era el *ka* (⎵ *k3*), que se obtenía al nacer de la madre y tenía que ver con el aspecto social de la persona.[1]

Además, creían en el espíritu *ba* (𓅡 *b3*) (foto 5), que podía adquirir diferentes formas, aunque la forma más típica y habitual era la de pájaro con cabeza humana.[2] Este espíritu era testigo en el juicio de Osiris. El *ba* iba y volvía de la tumba, pero siempre debía regresar. Una prueba del miedo a que el *ba* se perdiera la encontramos en la literatura egipcia en *El debate entre un hombre y su ba*, donde el hombre implora a su espíritu *ba* que vuelva y que sea benevolente con él. Por suerte el relato tiene un final feliz.[3]

Asimismo, al superar todos los obstáculos la persona se convertía en un *akh* (𓅜 *3ḫ*), es decir, en un espíritu transfigurado.[4] Por otro lado, consideraban la sombra (𓇋𓏤 *šwt*) como parte de esta proyección individual y ligada al espíritu *ba*.[5] El cuerpo (𓄹𓏤 *ḫ3t*) también era otro de los elementos que componían a la persona difunta,[6] por lo que no caía en el olvido, sino que seguía siendo una parte fundamental del individuo en el más allá.

Por último, el nombre seguía siendo parte de la esencia de la persona, por lo que era un elemento cuya preservación era primordial, ya que si se destruía el nombre la persona no seguiría viviendo en la otra vida. En el ritual funerario era fundamental pronunciar el nombre propio de la persona para revivirla.[7] De hecho, era tan importante no olvidar el nombre que había conjuros específicos para recordarlo, como el 25 del *Libro de los muertos*,[8] que aparece después del conjuro 23, que es una fórmula para abrir la boca del difunto en el más allá.[9] Para los egipcios era muy importante recordar el nombre propio, pero también conocer el nombre de los dioses en el más allá, ya que conocer el nombre posibilitaba conocer y controlar las fuerzas y obstáculos del más allá. Esta idea de que uno conoce el nombre la observamos en diferentes textos, como por ejemplo en el sarcófago de Aspelta: «Yo te conozco, yo conozco tu nombre».[10]

Todos estos aspectos o espíritus de la persona difunta eran reunificados a través de los rituales funerarios, al igual que los miembros de Osiris se volvían a unir después del desmembramiento por parte de Seth. Por tanto, la magia del ritual funerario buscaba restituir el orden interno de la persona para que pasase a la otra vida como un único ente que al mismo tiempo es múltiple. Esta idea de un ser que tiene diferentes proyecciones podemos observarla también en la religión egipcia, tal como explica Hornung[11] al hablar del henoteísmo.[12] Por tanto, los egipcios concebían esta pluralidad como manifestaciones del ser.

En cuanto a quién enviaba el cuerpo para su momificación resulta importante tener presente que en el antiguo Egipto era el primogénito o la familia la que se encargaba de garantizar un buen enterramiento a la persona.[13] Era el primogénito, que en este caso personificaba a Horus, sobre quien recaía esta responsabilidad. Si la persona no tenía un hijo mayor entonces recaía sobre la hija y, de no tener descendencia, sobre la familia. El hijo mayor debía encargarse también del cuidado de la tumba, así como de la provisión regular de ofrendas en la misma.[14] En el caso de aquellos padres a los que se les moría un hijo, eran ellos los encargados de garantizar un buen enterramiento.[15]

No obstante, aunque el pago de los rituales funerarios recaía sobre la familia, muchas personas antes de morir dejaban pagada su tumba, por lo que solucionarían este trámite para la familia, excepto si no habían terminado de pagarla, pues en ese caso la familia debería correr con los gastos que conllevarían finalizarla.[16]

El proceso de momificación duraba unos 70 días aproximadamente, aunque tenemos algunos casos en que podría durar más tiempo, pero no era lo habitual.[17] Estos 70 días estaban divididos en dos periodos, uno de 40 días de secado con natrón y otros 30 días para el resto de procedimientos en total.[18] Por otro lado, parece que estos 70 días tenían un componente simbólico, ya que era el tiempo que tardaba en desaparecer y reaparecer la estrella Sirio, que estaba asociada con Isis.[19]

En cuanto a los precios, Heródoto[20] nos señala tres tipos dependiendo de las posibilidades económicas de la familia. En el método más barato, según este autor, los embalsamadores únicamente limpiaban el abdomen con una purga, después cubrían el cuerpo con natrón durante 70 días y finalmente lo devolvían a la familia. Pero Heródoto no es la única fuente que tenemos para reconstruir los precios de la momificación. Recientemente, Cannata[21] ha realizado un estudio bastante pormenorizado de los precios de la momificación a través de las fuentes textuales del siglo IV al I a. C. Cannata pone en relación otros precios para poder comprender si era muy caro costearse el ritual de momificación completo. Por ejemplo, a finales del siglo IV a. C. la momificación y el enterramiento costaban 100 dracmas, mientras que una casa costaba 240 dracmas y una artaba de grano costaba 4 dracmas. En cambio, en el siglo I a. C. la momificación costaba entre 10.820-45.543 dracmas, una casa entre 4.000-36.000 dracmas y una artaba de grano 1.000-1.800 dracmas.[22] Por otro lado, tal como apunta Cannata, el precio de la momificación variaría de una persona a otra porque dependería de la cantidad de días, rituales realizados, la calidad y la cantidad de los materiales utilizados en el procedimiento.[23]

El natrón (𓊹𓂋𓏏𓏥 nṯryt, 𓈖𓐍𓏤𓏥 ḥsmn o 𓃀𓂧𓏥 bd) era el material más importante utilizado durante el procedimiento. El natrón era una mezcla de carbonato, bicarbonato, sulfato y cloruro de sodio que se encontraba de forma natural en zonas de Egipto como El Kab o Wadi Natrum, por lo que la composición de este bicarbonato variaría de una zona a otra.[24]

Aparte del natrón se utilizaban diferentes resinas para ungir el cuerpo y pegar las vendas entre sí. Durante cierto tiempo se ha hablado de que utilizaban betún, que es una sustancia de origen mineral y no vegetal, pero a través de diferentes estudios se ha demostrado que su uso no se extiende hasta época persa. Esta idea de que los egipcios utilizaban betún es de larga trayectoria, de hecho, la palabra «momia» viene del árabe mūmiyah, que significa betún, por el color negro que tienen muchas de estas momias.[25]

El betún es una mezcla natural de hidrocarbono derivado del petróleo que se encuentra en algunas rocas porosas, sobre todo en caliza y en arenisca a veces. Esta resina se solidifica de forma natural y se puede trabajar.

El reciente descubrimiento del lugar de embalsamamiento de Saqqara,[26] datado en el siglo VI a. C., ha mostrado el uso de diferentes resinas. Muchas de ellas no eran de origen egipcio, sino que se importaban, por lo que el uso de las mismas debía encarecer los costes de la momificación. Se encontraron restos de resina de *pistacia;* de elemí, que es resina de *canarium luznicum*; de ciprés; de dammar, que es resina de *dipterocarpus...*

Todas estas resinas tenían propiedades biocidas, aroma para enmascarar el olor a muerte y, además, ayudaban a recuperar la elasticidad de la piel después de la desecación del cuerpo.

También utilizaban diferentes tipos de aceites y sustancias aromáticas como la mirra. La mirra es una resina de un árbol, el *Commiphora myrrha*. Al igual que otras resinas, la mirra era importada y llegaba a Egipto de Yemen, Somalia y Etiopía, por lo que su uso no era barato. En cuanto a los aceites, un ejemplo de es el antiu, que era una mezcla de aceite de cedro y enebro o ciprés con grasa animal.[27] Otro material que encontramos en muchas ocasiones es la cera de abeja, que se podía utilizar para cubrir la boca, los ojos y/o las orejas.[28]

Por tanto, el tratamiento del cuerpo no se limitaba únicamente a sacar órganos, poner amuletos y vendar el cuerpo, sino que en él se utilizaban una serie de sustancias que ayudaban a la preservación del cuerpo.

En cuanto a las vendas, éstas las aportaba la familia, habitualmente eran restos de telas que había en casa, pero las personas que tenían un mayor poder adquisitivo adquirirían lino nuevo. Los embalsamadores se encargaban de hacer las vendas con estas telas y, en algunas ocasiones, pero no siempre, podían decorarlas o incluir textos.[29] El vendaje era la parte más importante del ritual de la momificación, ya que el propio vendaje proporcionaba una protección mágica al cuerpo, entre otros motivos porque era la parte del ritual donde se recitaban los conjuros.[30]

En cuanto al lugar donde realizaban la momificación, sabemos que se efectuaba dentro de la necrópolis, en el lugar de embalsamamiento (⌐⌐ *pr-nfr* significa literalmente «la casa buena»), en el interior del cual se encontraba el lugar de la purificación ($\square \equiv \triangleq$ $w^c bt$), donde se sacaban las vísceras, al menos en el Reino Medio.[31]

Por otro lado, cuando alguien moría pasaban cuatro días antes de empezar el embalsamamiento. Durante estos días el cuerpo pasaba un tiempo en la tienda de purificación o en algún lugar cercano al lugar de embalsamamiento, donde los familiares y allegados se acercarían a visitarlo.[32]

A continuación, pasaremos a relatar cuál sería el procedimiento de momificación ideal, aunque el lector debe tener presente que la momificación varía dependiendo del periodo histórico y las posibilidades económicas de cada persona, por lo que las momias no siempre presentan la mejor calidad en cuanto a lo que la preservación del cuerpo se refiere. Sin embargo, aunque la parte del ritual encargada de la desecación y preparación del cuerpo en algunas ocasiones podía no ser muy elaborada, todas las personas que recibían este ritual funerario se convertían en un Osiris gracias a la recitación de conjuros funerarios y a la repetición del mito de Osiris a través del rito para esa persona. Por tanto, una mala momificación no era sinónimo de no llegar al más allá, ya que si se realizaba la parte ritual del ritual de momificación la persona habría obtenido la protección mágica necesaria para completar su viaje a la otra vida al haberse transformado en Osiris, pese a que no hubiese una gran inversión económica y la calidad del embalsamamiento no fuese óptima.

Al llegar al lugar de embalsamamiento el cuerpo era colocado sobre una camilla de momificación, que podía ser de madera o de piedra. En esta camilla el cuerpo se lavaba principalmente con agua.[33]

En primer lugar, los egipcios extraían el cerebro. Esta práctica no era tan habitual como se tiende a pensar y empieza a ser más común practicarla a partir del Reino Nuevo. Según Heródoto,[34] los egipcios extraían el cerebro con un gancho de metal por la nariz y lo que quedaba dentro de la cavidad craneal se lavaba con sustancias especiales. Aunque Heródoto acierta en algunos puntos, el procedimiento no es exactamente como relata el griego.[35] Gracias al estudio de las momias que nos han llegado se ha podido conocer cuáles eran las técnicas de extracción. En primer lugar, podían hacerlo a través de la nariz rompiendo el hueso etmoides, una práctica que fue habitual a partir de la dinastía XVIII; entonces se insertaba un gancho de metal que se removía para después poner a la persona difunta boca abajo o sentada para que el cerebro licuado saliese por la nariz.[36] Este también podía extraerse vía bucal, vertebral u ocular. En el caso de hacerlo por los ojos, los egipcios solían situar después unos ojos falsos para restituir este aspecto físico de la persona, ya que de volverlos a poner tras extraer el cerebro se podría ver afectada su conservación.[37]

Mientras que las vísceras se extraían con el objetivo de evitar la putrefacción del cuerpo, se desconoce el motivo exacto por el cual los egipcios empezaron a quitar el cerebro, ya que este se sitúa en una cavidad cerrada del cuerpo y no acelera la pudrición del mismo. Además, si por vía nasal no se hacía con suficiente cuidado podría desfigurar el rostro. Se ha planteado que quizá se sacaba por el ataque de algunos insectos, pero esto es una hipótesis y no hay resultados concluyentes sobre el motivo concreto a día de hoy.[38]

Después de excerebrar al difunto pasaban a sacar las vísceras. Para extraerlas se hacía una incisión lateral o iliopúbica en el lado izquierdo del abdomen y desde esta apertura se trabajaba un poco a ciegas. Existe un cierto debate sobre los conocimientos de anatomía de los sacerdotes que se dedicaban a esta tarea, ya que en algunas ocasiones sacaban algunos órganos sin querer, como riñones o corazón. El corazón debían dejarlo siempre dentro para el juicio de Osiris, pues para los egipcios el corazón tenía una gran simbología, ya que era ahí donde para ellos tenía lugar el pensamiento.[39] Tenemos constancia de evisceración en momias desde la dinastía IV en el Reino Antiguo.[40]

Los embalsamadores sacaban cuatro vísceras que eran consideradas emanaciones de Osiris y que contaban con cuatro divinidades protectoras, conocidas como los cuatro hijos de Horus.[41] Imsety custodiaba el hígado, Hapy los pulmones, Duamutef el estómago y Qebehsenuef los intestinos.

Esta idea de que eran hijos de Horus y que protegían las vísceras no es una interpretación actual, sino que es una idea propia del pensamiento egipcio, tal y como observamos en diferentes textos, como por ejemplo el *Libro de los muertos* de Nu (BM EA 10477) del Reino Nuevo:

msw Ḥrw, 'Imsti, Ḥpy, Dwȝ-mwt.f, Qbḥ-snw.f, stp.ṯn zȝ.ṯn ḥr it.ṯn Wsir-Ḫntiw-'Imntiw

Los hijos de Horus, Imsety, Hapy, Duamutef, Qebehsenuef, proteged a vuestro padre, Osiris-Khentimentiu[42]

En el texto podemos observar cómo el objetivo de estas cuatro divinidades era el de proteger a Osiris. Por ese motivo, estos cuatro dioses solían mostrarse representadas en los amuletos; pero por lo que son más conocidas es por ser representadas en los vasos canopos. En cada vaso canopo se guardaba una de estas vísceras, pero no las metían ahí nada más salir del cuerpo, sino que primero secaban la víscera con natrón, después le echaban resinas y finalmente la vendaban antes de introducirla en su correspondiente vaso canopo. En algunos vasos canopos nos han llegado restos de estas vísceras. Estos vasos canopos pueden ser de diferentes formas, materiales y tamaños dependiendo del periodo histórico en que se produjeran.[43]

Una vez las vísceras estaban fuera probablemente se lavaba el abdomen y la base del tórax con vino de palma y productos aromáticos antes de cubrir y rellenar el cuerpo con natrón para que se desecase. El cuerpo se cubría con este bicarbonato durante unos 35 días y se iba cambiando periódicamente para que se secase adecuadamente.[44]

No obstante, hay algunas momias a las que no se sacaban estos órganos, como es por ejemplo el caso de Pacheri, una momia de época ptolemaica conservada en el Louvre (Louvre N 2627).

Una vez terminaba el secado del cuerpo se retiraba el natrón. En este momento los embalsamadores ponían resinas y aceites sobre la piel de la persona difunta para que ésta recuperase cierta elasticidad y la piel no se rompiese durante el vendaje del cuerpo. Un ejemplo del uso excesivo de aceites y resinas lo observamos en Tutankamón, lo cual es muestra también del alto coste de su momificación. Una vez que el cuerpo recibía estos ungüentos se procedía al vendaje. El vendaje era la parte más ritualizada de todo el procedimiento, ya que en sí mismo era un acto de protección mágica del cuerpo. No obstante, lo más habitual es que entre las vendas se incluyesen también amuletos para proteger las diferentes partes del cuerpo al mismo tiempo que recitaban conjuros para ayudar al tránsito al más allá.

El amuleto más famoso y probablemente el más importante era el escarabeo del corazón: este escarabajo simbolizaba al dios Khepri, que era el dios Ra en el momento del amanecer, por lo que simbolizaba el triunfo del orden y del dios Ra sobre los obstáculos de la noche. Al igual que el dios Ra triunfaba en cada amanecer, esperaban que los espíritus del difunto superasen todas las pruebas en la otra vida y que de esta forma reviviese para vivir por toda la eternidad. Quizá otros de los amuletos más típicos son los cuatro hijos de Horus, que se disponían en forma rectangular sobre el tronco de la persona para que las vísceras estuviesen protegidas. Además, también podemos encontrar amuletos con forma de diferentes divinidades como Isis, Neftis o Anubis, el amuleto de los dos dedos, el ojo de Horus, etc.

Una vez dispuestos todos los amuletos y vendada la momia podían poner encima diferentes decoraciones, como cartonajes o máscaras funerarias (que también podían estar realizadas en cartonaje), dependiendo de la costumbre imperante en cada periodo histórico. Una vez terminado se introducía a la persona en el ataúd o ataúdes.

El ajuar funerario podía ser realizado para la persona antes de morir, pero probablemente en la mayoría de las ocasiones era la familia la que se encargaba de los costes del ajuar, por lo que se realizaría por los artesanos durante estos días en que el cuerpo estaba siendo secado con natrón, ya que existía tiempo más que suficiente para poder personalizar el ajuar de esa persona en particular.

Finalmente, una vez estaba finalizada la momia, en la noche 69 a la 70, se realizaba un ritual de recapitulación de todo el ritual. En esta última noche se llevaban a cabo rituales profilácticos y de revivificación. Este último ritual antes del enterramiento estaba relacionado directamente con el mito de momificación de Osiris, ya que recordaba al embalsamamiento del dios, que este había tenido lugar en una sola noche.[45]

RITUALES FUNERARIOS
DESPUÉS DE LA MOMIFICACIÓN

Después de la momificación seguían otros rituales funerarios igual de importantes. El cuento egipcio de Sinuhé[46] nos da una idea de cómo querían los egipcios que fuese su funeral ideal:

wḏꜥ.tw n.k ḫꜣwi m sft wtꜥw m ꜥ.wi Tꜣyt,
iri.tw n šms-wḏꜣ hrw smꜣ-tꜣ, wi m nbw, tp m ḫzbd, pt ḥr.k, di.t m mstpt,
iḥw ḥr itḥ.k, šmꜥw ḫr-ḫꜣt.k, iri.tw ḫbb nnyw r r is.k, nis.tw n.k dbḥtw-ḥtpw,
sft.tw r r ꜥbꜣw.k, iwnw.k ḫwsi m inr-ḥḏ m qꜣb msw-nswt

La noche es separada de ti con aceite y vendas en los brazos de Tayt, la procesión funeraria es realizada para ti el día de la unión con la tierra (= el día del enterramiento), el ataúd de oro, la cabeza de lapislázuli, el cielo sobre ti cuando estás puesto dentro del santuario,[47] los bueyes arrastrándote, músicos delante de ti, danzas de los muertos (= danzas funerarias) son hechas para ti en la entrada de tu tumba, siendo invocadas para ti ofrendas de comida, para ti en la puerta son sacrificados sobre tus mesas de ofrendas, tus pilares son construidos con piedra blanca en medio de los hijos del rey

En el texto se muestra la importancia de la procesión funeraria y lo que sucedía en el momento del enterramiento.

Después de la momificación se realizaba la vigilia y en la mañana del día 70 una procesión salía del lugar de embalsamamiento hacia la tumba (foto 6). Esta procesión era seguida por un cortejo funerario, donde iba la familia y, además, a veces podía haber plañideras. El rol del llanto dentro de los rituales funerarios era muy importante porque recordaba al realizado por Isis y Neftis en los funerales de Osiris, por ese motivo es muy habitual observar a dos mujeres que cumplen esta función y por ese motivo también se solían contratar plañideras. No obstante, también podían mostrarse en actitud de duelo los hombres, por lo que no es exclusivo de las mujeres[48].

Al mismo tiempo los sirvientes solían seguir el cortejo con los enseres que se iban a depositar en la tumba. En la entrada de la tumba se hacían varias actividades, entre ellas realizar ofrendas para que el espíritu pudiese alimentarse en el más allá.

También cobraban un gran protagonismo en algunos funerales las danzas funerarias para la persona difunta, que ayudaban a que su espíritu se mantuviese en el más allá. La música en el antiguo Egipto se utilizaba en ciertos festivales porque ayudaba a contactar con los difuntos. La danza más famosa asociada a los rituales funerarios es la danza realizada por los bailarines *muu* ($\equiv$ ⫶⫶ *mww*), que se asociaban con la ciudad de Buto. La práctica de la danza hecha por los *muu* está atestiguada desde el Reino Antiguo hasta el Reino Nuevo en funerales de la clase alta.[49]

En las representaciones de este cortejo funerario a veces observamos un elemento sobre el cual todavía a día de hoy existe cierto debate en la egiptología y es el tekenu (⸞o *tknw*),[50] entre otros motivos porque no hay una única forma de representación del mismo, por lo que desconocemos gran parte de su simbología.

En cuanto a la ubicación de las tumbas, también dentro de la geografía egipcia estas se ubicaban en la orilla oeste, lo cual tenía un fuerte componente simbólico. En el oeste es el lugar por donde se pone el sol al atardecer y desde donde se puede observar la salida del sol durante el amanecer. A lo largo de la historia egipcia es en el oeste donde se van a situar los enterramientos, excepto en Amarna y algunos otros cementerios concretos como Beni Hassan, donde las hallamos en el este.

Para los egipcios el oeste (𓋀 *imnt*) era la tierra de los difuntos y Osiris era el señor del oeste (𓎟𓋀 *nb imnt*). Por ese motivo en muchas ocasiones encontramos asociado a Osiris el nombre de Khentiamentiu (𓏃𓈖𓏏𓇋𓏠𓏏𓅨 *ḫntí imntiw*), que en origen es una divinidad de Abidos, pero que evoluciona en un epíteto al ser absorbido por Osiris. Khentiamentiu significa literalmente «el que está delante de los occidentales», habitualmente traducido como «el primero de los occidentales», es decir, que es el primero de los que están en el oeste, por tanto, el primero entre los difuntos, lo cual significa que está dirigiendo a los difuntos en el sentido de que es Osiris su responsable. Khentiamentiu era una divinidad asociada al más allá en Abidos y, en concreto, era un dios chacal psicopompo que acompañaba a los difuntos por las montañas occidentales. A partir de la dinastía V y en parte del Reino Antiguo, principalmente, este epíteto también está vinculado al dios Anubis, por lo que Anubis y Osiris lo comparten en este momento de la historia egipcia.[51] Con posterioridad, en la segunda mitad de la dinastía V Khentiamentiu aparece como una divinidad separada.[52]

Además, tal como hemos podido observar anteriormente en el texto de Sinuhé, para los egipcios era muy prestigioso enterrarse cerca de su monarca o allegados, que en su caso es en la necrópolis donde se encontraban los hijos del rey. Esta idea de enterrarse cerca de los reyes la podemos apreciar especialmente en el Reino Antiguo, donde las mastabas se sitúan cerca de las pirámides del rey al que sirvieron los altos dignatarios que están enterrados en ellas. Sin embargo, posteriormente también hubo otros motivos para elegir ubicar la tumba en un lugar concreto, como es en el caso de la Tebas del Reino Nuevo, donde las personas buscaban situar su tumba en lugares con un significado religioso.

Una vez llegaba a la tumba, el ataúd se ponía de pie y se le realizaba el ritual de Apertura de Boca (𓎝𓊪 *wpt rˁ*), delante de los familiares y allegados de la persona difunta que iba a ser enterrada. El hecho de que los egipcios prefiriesen en muchos periodos el uso de ataúdes antropomorfos no es casual, ya que esta forma ayudaba a disponer dicho ataúd en vertical y también a representar a la persona difunta, por lo que gracias a esta representación humana podían realizar el ritual de Apertura de Boca sin necesidad de abrirlo; era como si el ataúd fuese una estatua que representaba al difunto. Por tanto, este rito se hacía a través del ataúd antropomorfo como nos muestran numerosos papiros y representaciones del ritual en tumbas (foto 6). Este ritual se realizaba sobre las personas difuntas, pero también en los templos sobre las estatuas de los dioses con el mismo objetivo de que se abriesen de nuevo las vías respiratorias y la boca para que la persona pudiese respirar y comer en el más allá.[53]

El ritual de Apertura de Boca también recuerda al funeral de Osiris, porque de nuevo se repite para la persona difunta algo que se hizo para el dios, un ejemplo de ello lo tenemos en el Papiro Boulaq que dice así:

wpi.(f) (n).k r^c.k m wpt-r^c n(y)tï m md3t nbt n(y)t bi3 wpi.n.f r^c it.f Wsir im.s

Él abre tu boca en el Ritual de Apertura de Boca, que se realiza con cada instrumento de metal que él abrió la boca de su padre Osiris[54]

Durante este ritual, el sacerdote lector (𓏞 *hb*) se encargaba de leer los conjuros mágicos, mientras que el sacerdote *sem* (𓊹 *sm*) disponía la herramienta del ritual sobre los ojos, nariz, boca y orejas. Al mismo tiempo utilizaban diferentes materiales como perfumes, incienso y ungüentos, muchos de ellos ya utilizados en el proceso de embalsamamiento.[55] Durante el desarrollo de este ritual, al menos en época ptolemaica, está atestiguada la identificación del difunto con Osiris.[56] Sobre dicha identificación hablaremos más adelante en este capítulo.

En la dinastía XXI hay textos sacerdotales tebanos que hablan de la momificación como «repetición de la momificación para» o «darle Osiris a», por lo que el ritual de embalsamamiento proporcionaba una relación con el dios a través de este procedimiento religioso.[57]

Una vez realizado el ritual de Apertura de Boca se hacían ofrendas de comida y bebida; de hecho, parece ser que se desarrollaba un banquete en la entrada de la tumba después del enterramiento. No obstante, hay debate sobre si se consumía comida y bebida durante el banquete, ya que en las representaciones pictóricas nunca aparecen comiendo, aunque a partir de Amarna se asume que se comía.[58] Lo que sí es seguro es que se disponían ofrendas de comida y se hacían libaciones para la persona difunta, ya que estos dos elementos ayudarían a la nutrición de su espíritu y contribuirían a su supervivencia en el más allá.

LA IDENTIFICACIÓN DEL MUERTO CON OSIRIS

La momificación, tal como se ha explicado hasta ahora, no era únicamente una transformación física de la persona difunta, si no que se trataba de un ritual que tenía como objetivo repetir los rituales funerarios que se realizaron en su momento para el dios Osiris (foto 7). Pero no era simplemente una reproducción, si no que a través del rito la persona se identificaba con el dios, es decir, que se convertía en un Osiris. Gracias a los textos funerarios conocemos este aspecto, que en muchas ocasiones se omite cuando se habla de la momificación, porque únicamente se aborda cómo se producía la transformación física de la persona, pero no podemos olvidar nunca que se trata de un funeral con un componente religioso y simbólico.

En primer lugar, antes de hablar en profundidad sobre cómo se producía esta identificación y cómo la conocemos a través de los textos es importante hablar del nombre propio de la persona. Tal como se ha explicado previamente, el nombre era una parte fundamental de la esencia de la persona y debía ser protegido como emanación de la esencia individual que era. El nombre, dentro de la magia egipcia, ya sea funeraria o médica, era un componente que se utilizaba para hacer efectiva la magia sobre esa persona. Cuando en los textos funerarios observamos que se mantiene el nombre propio es con el objetivo de hacer efectiva esa magia sobre ese espíritu y, además, garantizar su supervivencia en el más allá. En algunos textos, como por ejemplo en la cosmogonía menfita, se alude al papel creador de la palabra, por lo que aquello que puede ser nombrado continúa existiendo. Para los egipcios conocer el nombre de una entidad, ya fuese una persona o un espíritu o una divinidad, implicaba poder ejercer un poder sobre la misma. Por ese motivo en el texto funera- rio del llamado *Libro del Amduat* la persona conoce los nombres de los guardianes de las puertas y de esta forma puede controlar que le dejen acceder al más allá. Además, en la cultura egipcia existían dos nombres: el nombre que te daban al nacer y que conocía todo el mundo y el nombre secreto que te daba tu madre también al nacer, que solo conocías tú y que solo se utilizaba en ciertos momentos, ya que si ese nombre lo sabía alguien que quería hacerte daño podía ser peligroso.[59] Para los egipcios aquello que es nombrado puede ser controlado y puede seguir existiendo.

El nombre propio es un elemento de nuestra personalidad que nos es dado por parte de nuestra familia antes de nacer o en el mo- mento de llegar al mundo. En la cultura occidental actual, el nombre se elige en base a los gustos personales de nuestros progenitores; sin embargo, en el mundo antiguo, y, en Egipto también, el nombre tenía un componente religioso, por esa razón en muchas ocasiones observamos una onomástica en la que se incluyen los nombres de divinidades, por lo que era una forma de conseguir el favor de la divinidad en cuestión y también de establecer una relación con la misma. Por ese motivo al llegar al más allá también se buscaba la protección de una divinidad o divinidades, entre otros motivos para conseguir ser aceptado en la nueva comunidad. Los difuntos, al igual que los vivos, poseen una identidad dentro de la sociedad y la religión, en este caso la egipcia, suele dotarles de una nueva identidad. Entender que los difuntos van a conformar una nueva sociedad en el más allá ayuda en cierta medida a que los familiares y personas queridas del difunto puedan superar el duelo por la pérdida de este individuo.

La persona difunta al abandonar este mundo debía pasar una serie de pruebas hasta llegar al juicio de Osiris (véase el capítulo 4), donde se probaba si debía o no acceder a la vida eterna. Una vez superaba este juicio, el espíritu de la persona pasaba a vivir en el más allá donde podía habitar en diferentes espacios como son por ejemplo los campos de Aaru o podría incluso ocupar un espacio en la barca solar. Por tanto, los difuntos pasaban a formar parte de una nueva comunidad en el más allá y por ese motivo podía ser favorable contar con el beneplácito y la protección de los dioses.

Al llegar allí la persona difunta conservaba su nombre propio, el cual va a ser muy importante preservarlo, porque formaba parte de una de las esencias del individuo y al decir el nombre se conseguía mantener viva a esta persona en el más allá. Además, en los textos funerarios siempre se incluye el nombre para conseguir que los conjuros mágicos y las ofrendas le lleguen a este difunto.

Este aspecto de la persona va a ser importante dentro de lo que conocemos como fórmula de identificación. Como ya hemos expuesto a lo largo de este capítulo, los ritos funerarios, especialmente la momificación, tienen como objetivo la repetición del mito de Osiris para esa persona difunta en particular. En los textos funerarios, que se pueden encontrar en diferentes tipos de soportes (vendas, ataúdes, ajuar funerario, papiros…), está presente la fórmula de identificación.

La fórmula de identificación (*Osiris de NP*)[60] era la prueba escrita y ritual de que el cuerpo había recibido el embalsamamiento, porque el estatus de Osiris solo lo adquirían aquellos que habían pasado por el ritual funerario y para aquellas personas que habían recibido los conjuros durante la segunda parte del proceso de momificación. No parece que fuese obligatorio el recibir un embalsamamiento completo para adquirir el *Osiris de NP*, sobre todo a finales del I milenio a. C., ya que lo más importante era conseguir limpiar, vendar el cuerpo y recibir los conjuros de protección, que era cuando se identificaba al difunto con Osiris. Por tanto, cuando se producía el enterramiento las personas ya habían fusionado su identidad con la del dios Osiris.

Esta nueva identidad depende del ritual y solo es posible porque a través de este procedimiento religioso se está reactualizando constantemente, es decir, dependía, de la magia que se efectuaba durante todo el proceso de momificación. A través del embalsamamiento la persona adquiría este estatus de *Osiris de NP* y se habla en los textos de «darle un Osiris a», por tanto, la identificación con el dios se produce gracias a las recitaciones de los sacerdotes durante el procedimiento funerario. Una prueba de ello es que en el papiro Rhind I Anubis concede el estatus de *Osiris de NP* al difunto cuando ya ha sido sometido al proceso de embalsamamiento, incluso se le ha vendado, es entonces cuando Anubis dice que ha escuchado su nombre y lo llama *Osiris de Mentesufis*. Dicha identificación de los difuntos con Osiris va a continuar hasta época ptolemaica y romana.[61]

Por tanto, debemos entender la práctica de la momificación como algo que va mucho más allá de la simple transformación del cuerpo, ya que era una forma de asumir la identidad del dios en conjunción con la propia para superar favorablemente el tránsito hacia la otra vida. Al igual que Osiris había conseguido revivir después de ser asesinado por Seth gracias a los rituales funerarios, en esta ocasión la persona difunta, como Osiris, lograría superar todas las adversidades en su camino hacia la vida eterna.

Por otro lado, a partir del Reino Antiguo empezamos a encontrar puntualmente la identificación de las difuntas con la diosa Hathor. Se trata de una diosa muy relevante dentro de la religión egipcia, pues es la diosa de la danza, la música, la embriaguez ritual y se asocia también con la sexualidad. En la orilla oeste se muestra como la contraparte femenina del dios Osiris, entre otros motivos porque es la diosa de la montaña tebana como «señora del Oeste».[62] El uso de la fórmula de identificación *Hathor de NP* va a ir en aumento a lo largo de la historia egipcia; sin embargo, no va a tener un uso tan extendido como *Osiris de NP*, por lo que en los enterramientos femeninos va a seguir siendo más popular identificarse con Osiris, aunque fueses una mujer.[63] Esta identificación con la diosa Hathor parece que tiene relación con el gusto por venerar a esta diosa, ya que su designación como *Hathor de NP* no está reñida con su identificación con Osiris.[64]

Según Cooney,[65] la identificación de las difuntas con Osiris está relacionada con la idea de que lo masculino en Egipto es una fuerza generadora de vida, ya que en el pensamiento egipcio eran los hombres los que hacían posible la descendencia, mientras que las mujeres eran receptáculos de esa vida. En la religión egipcia los dioses eran los vinculados a la regeneración de vida, mientras que las diosas eran las que ejercían una función protectora y nutricia, pero no creadora de vida. Assmann y Cooney[66] coinciden en que las mujeres se identifican en épocas más antiguas casi exclusivamente con Osiris porque lo masculino otorga esta capacidad de renacer. Esta identificación con Osiris por parte de las difuntas suponía una pérdida temporal de la feminidad, que se recuperaba en el momento del renacimiento en el más allá.[67]

Esta identificación con la diosa, las representaciones femeninas sobre las masculinas y la alusión a un rol sexual nos muestra la importancia que va adquiriendo la identidad individual en este proceso de paso al más allá y de identificación con la divinidad en el tránsito a la otra vida.

En resumen, la momificación fue un ritual que tenía como objetivo la repetición del mito osiriano para esa persona en particular y como resultado el difunto adquiría un nuevo estatus de *Osiris de NP* (o *Hathor de NP* cuando procedía) que dependía del ritual y ayudaba al acceso a la vida eterna. Al igual que Osiris había revivido en el más allá, la persona que acababa de morir identificada con el dios tras los rituales funerarios repetiría esta revivificación que fue realizada en un pasado mitológico para el dios.

Por último, resulta relevante destacar que en muchas ocasiones al difunto y a la difunta se les muestra con aspecto osiriano. A través del sarcófago, ataúd y la parafernalia que envuelve y recubre la momia el aspecto que recibe la persona al momificarse es de Osiris. Por ese motivo en algunos ataúdes el difunto tiene un tono de piel negro o verde, emulando el color del dios.

3

Osiris a través de los siglos

LOS ATRIBUTOS Y EL NOMBRE DE OSIRIS

En primer lugar, para hablar del dios Osiris es imprescindible hablar de cómo se representaba, es decir, de la iconografía ligada a él.

Quizá el elemento más característico de Osiris es la corona *atef* (🦅⌢🦆 *3tf*) (foto 8). Esta corona es la corona blanca del Alto Egipto, pero acompañada por dos plumas de avestruz, una a cada lado: 🦆.[1] Esta aparece ya en representaciones del Reino Antiguo, de hecho, la primera representación la conservamos en el complejo funerario de Snefru;[2] sin embargo, desconocemos su origen, y no es hasta el Reino Medio cuando se vincula a Ra, Osiris, Horus, Herysef y otras divinidades como el dios Shu. De hecho, no es hasta el Reino Nuevo cuando la corona *atef* está plenamente ligada a Osiris.[3] En primer lugar, cabe destacar que la corona blanca (𓉲 *hdt*) ya se relaciona con Osiris en los *Textos de las pirámides*; sin embargo, en el Reino Antiguo las dos plumas (𓏏𓅱𓏏𓏏 *šwtï*) son un atributo de Andyety.[4]

Como bien comenta Borrego Gallardo,[5] en el Reino Antiguo el tocado de las dos plumas podría estar vinculado con los rituales de coronación y es un atributo suplementario de la doble corona (𓋔 *shmtï*); por lo que, en este sentido, las dos plumas simbolizarían conceptos de triunfo y la luminosidad, en concreto de los astros y específicamente del sol en el amanecer como una muestra del triunfo de la luz sobre la oscuridad, de la vida sobre la muerte. La corona *atef* también se vincula con la idea de florecimiento.[6]

Por tanto, a partir del Reino Medio es cuando la corona *atef* empieza a ser un atributo de Osiris como tal. En los *Textos de los ataúdes* el propio Osiris dice que Ra le ha dado esta corona.[7] Además de la corona *atef*, Osiris suele llevar el cetro y el flagelo en las manos, dos elementos vinculados a la realeza y probablemente también con la agricultura y el pastoreo.[8]

Otro atributo de Osiris es el pilar *djed*. El pilar *djed* ($\underline{d}d$) es un símbolo asociado tradicionalmente al dios Osiris, no obstante, no se asocia con el dios hasta el Reino Nuevo según Smith.[9]

Probablemente, al principio de la historia egipcia el pilar *djed* fue un símbolo vinculado con el dios Ptah, que con posterioridad pasó a ser un emblema osiriano.[10] Esto es algo que no nos debe extrañar, ya que a medida que aumenta la popularidad de un dios en el antiguo Egipto es habitual que este asuma características o símbolos de otras divinidades.

El pilar *djed* era un símbolo de estabilidad ya que se levantaba durante la festival *Sed* (*Ḥ3b-sd*). Este pilar se erigía con los brazos o con cuerdas. El festival *Sed* tenía como objetivo la renovación del poder del rey y en la parte final del festival se levantaba un pilar *djed* como una forma de mostrar la fuerza del monarca y también de mostrar la estabilidad del poder del rey. Al mismo tiempo, este levantamiento del pilar *djed* era una muestra de la continuidad del orden de *maat* y de la victoria de Osiris sobre Seth; por ese motivo también se producía un levantamiento del pilar *djed* el último día del festival de Khoiak[11] (véase el capítulo 5).

Por otro lado, en las tumbas están muy presentes los pilares, que son un elemento arquitectónico muy típico en ellas, también en los templos, y buscan dotar de estabilidad. Asimismo, el pilar *djed* se observa en diferentes amuletos o representado en los ataúdes u otros elementos del ajuar funerario para dotar mágicamente de estabilidad a la persona difunta en su paso al más allá.[12]

Asimismo, al dios Osiris se le suele representar vestido de blanco. Este es un aspecto que en algunas ocasiones puede pasar desapercibido, pero es relevante mencionar el porqué de este color, ya que está directamente relacionado con lo funerario. En el antiguo Egipto el blanco se consideraba un color asociado a los difuntos.[13] Por ese motivo, en las escenas funerarias se representaban las personas vestidas con este color, aunque sabemos que los egipcios no vestían siempre de blanco, ya que decoraban la ropa con diferentes colores y de esta forma la adornaban en su día a día.[14] Además, el blanco se vinculaba con el oeste,[15] que es la tierra de Osiris y de los difuntos. Sin embargo, en las tumbas solemos observar a las personas vestidas con ropajes de este color y el dios Osiris, como rey del más allá, no es menos en este sentido.

La piel verde de Osiris nos llama la atención y podría decirse que es otro de los atributos del dios. En otras ocasiones podemos observar a Osiris con piel negra. Este color de la piel, verde o negro, se ha planteado que podría representar la vinculación de Osiris con la naturaleza o con el proceso de putrefacción del cuerpo. Tradicionalmente, en la egiptología se ha interpretado que este tono de piel asociado a las representaciones de Osiris y de muchos difuntos representados como Osiris estaría relacionado con la fertilidad de la tierra. Por tanto, la piel del dios se vincularía con el verde de las plantas, característico de la germinación, o el negro del limo que dejaba el Nilo tras la crecida y que era un abono natural.[16]

Sin embargo, actualmente se ha planteado que el tono de piel no representa tanto la fertilidad, si no la putrefacción del cuerpo de Osiris, por lo que simbolizaría su carácter como dios difunto. Según esta teoría, los embalsamadores observarían en los cuerpos que estaban sometiéndose al proceso de momificación el proceso de descomposición del cuerpo que, pasadas 48 horas, adquiere este tono verdoso o negruzco. Por esta cuestión se podría haber relacionado el tono del cadáver en descomposición al dios. Por lo tanto, Osiris sería una divinidad retratada como un cuerpo sin vida.[17] En este sentido, Falk[18] sostiene que este tono de piel está asociado en el arte egipcio con divinidades vinculadas al proceso de descomposición y no tanto a dioses asociados con la fertilidad.

Por tanto, actualmente hay dos hipótesis sobre por qué Osiris se muestra con esta característica. En mi opinión ambas podrían ser válidas y no ser excluyentes. No obstante, la vinculación del tono de piel con la naturaleza está sobradamente atestiguada por ser este un dios de la misma.

El nombre de Osiris en egipcio no es Osiris, que es una interpretación griega, en el antiguo Egipto le llamaban *Wsir* (en español se pronuncia *Usir*) y lo escribían de las siguientes formas: principalmente lo encontramos como 𓊨𓏤 o 𓊨𓁹 ; en los *Textos de los ataúdes* también puede mostrarse escrito 𓋴𓁹 (*ws(i)r*) y como 𓊨𓁹 o 𓊨 en el Reino Nuevo. Otra variante es 𓃹𓈖𓄤𓏤 (*wnn-nfrw*) que es Onnofris.

Por otro lado, la etimología de su nombre es incierta, al igual que la de Isis, aunque hay diferentes propuestas. Para Yoyotte[19] su nombre viene de la raíz del verbo adjetivado 𓌀𓊃 (*wsr*), que significaría «ser fuerte» o «ser poderoso». También se ha traducido como «el que tiene muchos ojos», por Plutarco.[20] Por otro lado, Allen, para interpretar el nombre de Osiris, lo pone en relación con el de Isis (𓊨𓏏𓁐 *3st*). Aunque esta propuesta de Allen es original, la idea de que Isis es el principio femenino de la naturaleza ya la hallamos en Plutarco.[21] Según Allen, el nombre de Osiris haría referencia a la capacidad de generar vida del dios después de la creación y tras la muerte, por lo que el significado del nombre de Osiris sería «principio generador».[22] La etimología de su nombre, si seguimos la propuesta de Allen, acentuaría la relación del dios con la fertilidad.

En cuanto a los epítetos ya se ha hablado de 𓏃𓈖𓏏𓋀𓏥 (*ḫntí imntiw*, «el primero de los occidentales», véase el capítulo 2), por lo que no se volverá a abordar, aunque es quizá uno de los epítetos más utilizados y más importantes asociados al dios.

OSIRIS EN EL REINO ANTIGUO Y EN LOS TEXTOS DE LAS PIRÁMIDES

El Reino Antiguo es el resultado de un proceso de centralización del poder y organización estatal en el valle del Nilo. Se trata del periodo en que se estandariza lo que va a ser Egipto durante los siglos posteriores. En este momento Egipto está comenzando su andadura histórica, donde destaca su estabilidad y bonanza económica, que van a posibilitar la construcción de las pirámides, tan características de este periodo. Es entonces cuando encontramos los primeros textos religiosos y donde observamos el desarrollo de la religión egipcia.

Se ha especulado mucho sobre el origen del dios Osiris, desde que es un dios de la agricultura hasta que es una deidad ctónica, personificación del difunto en la cama de embalsamamiento, o una amalgama de todos los reyes difuntos. Hay algunos autores que tienen la teoría de que pudo ser una divinidad que se originó en el Delta o incluso que llegó a Egipto desde la zona del Levante, Libia o Babilonia, sin embargo, estas teorías no pueden ser probadas.[23] Entre otros motivos, no podemos conocer su origen exacto porque no hay fuentes antiguas que nos expliquen su origen o que nos den pistas concluyentes sobre esto.[24] Lo único de lo que podemos estar totalmente seguros es de que es una divinidad que aparece durante el Reino Antiguo. Además, desconocemos el origen de las creencias funerarias egipcias antes de la creación del Estado; pero a partir de los inicios del Reino Antiguo ya podemos hablar de la construcción y consolidación de la religión funeraria tal como la conocemos en otras épocas.[25]

A lo largo de este periodo, Heliópolis es un centro de culto principal dedicado al dios solar Ra, por lo que los sacerdotes de este templo tuvieron un papel destacado durante esta época.[26] Durante el Reino Antiguo observamos una gran dependencia entre el rey y sus allegados o personas de su corte, por ese motivo en el entorno de sus enterramientos se sitúan las necrópolis de los familiares y altos oficiales, como sucede por ejemplo en las pirámides, donde en sus inmediaciones se ubican las mastabas.[27] El monarca poseía un lugar privilegiado en esta vida, pero también en el más allá, por lo que en los *Textos de las pirámides* se mantiene esta relación entre el rey y los dioses, un privilegio que él ya experimentaba estando vivo.[28]

Tenemos pruebas de la existencia y culto a Osiris en las fórmulas de ofrenda desde la dinastía V, durante el reinado de Raneferef,[29] y su primera aparición en un enterramiento de la realeza sucede en el complejo piramidal de Djedkara Isesi (*ca.* 2400 a. C.) durante el esta misma dinastía.[30]

Durante el Reino Antiguo, el dios Osiris mantiene una fuerte vinculación con el dios del sol en los *Textos de las pirámides*.[31] El dios de los muertos y el dios Ra mantendrán siempre esta relación, aunque a lo largo de la historia egipcia va a ir ganando protagonismo el dios Osiris como dios del más allá. Además, estas dos divinidades tienen un elemento en común y es que son aspectos complementarios del tiempo: Osiris representa el tiempo *djet* (𓆓 *ḏt*), que simboliza la eternidad, mientras que Ra encarna el concepto *neheh* (𓈖𓇳𓎛 *nḥḥ*) que también tiene que ver con la eternidad, pero en este caso con el paso de los días y los años.[32] Por tanto, Osiris simboliza la eternidad inalterable, y Ra la eternidad en el sentido de que el sol sale y se esconde cada día y así marca una continua repetición que se convierte en una duración ilimitada del ciclo solar y, por ello, en la eternidad de la repetición.

El destino del espíritu del rey durante este periodo era el cielo, en concreto el nocturno, donde debía acompañar al dios Ra en su curso, aunque a través de los textos ya se identifica con Osiris mediante los rituales funerarios. Un ejemplo de este destino celestial lo observamos cuando el monarca se convierte en una estrella.[33] No obstante, quizá uno de los conjuros que más belleza contienen es aquel en el que el rey se baña junto con el dios Ra en el Campo de Juncos.[34] Bradshaw[35] propone que este Campo de Juncos se encuentra en la zona en que se ubican las estrellas circumpolares tal como se nos muestra en los *Textos de las pirámides*:

> Las puertas del cielo están abiertas, las puertas del firmamento están abiertas para Horus de los dioses, él sale al anochecer y se baña en el Campo de Juncos [...]. Las puertas del firmamento están abiertas para Osiris, él sale al atardecer y se baña en el Campo de Juncos. Las puertas del cielo están abiertas, las puertas del

cielo están abiertas para mí, yo salgo al anochecer y me baño en el Campo de Juncos.[36]

Sin embargo, aunque el destino era acompañar al dios sol, a través de los rituales funerarios el monarca se identificaba con el dios Osiris, especialmente a partir de los *Textos de las pirámides* del rey Teti. Ejemplo de ello lo apreciamos en los *Textos de las pirámides* 193, donde el conjuro de identificación del rey con Osiris concluye diciendo lo siguiente: «Tu cuerpo es el cuerpo de este rey, tu carne es la carne de este rey, tus huesos son los huesos de este rey, cuando tú vas, este rey va, y cuando este rey va, tú vas».[37]

Además, en estos textos se recrea la relación mítica padre-hijo a través de la relación entre Osiris y Horus que ya se ha comentado. El rey vivo se identificaba con Horus y el difunto, para el que se realizan estos *Textos de las pirámides*, con Osiris.[38] Esta recreación de la relación divina podría ser con el objetivo de legitimar el poder y el derecho a gobernar del heredero al trono.[39]

En cuanto a su aparición en las tumbas privadas, cabe destacar su presencia en las fórmulas de ofrenda. Estas fórmulas de ofrenda durante el Reino Antiguo aparecen en las estelas de falsa puerta. En ellas el rey da una ofrenda al dios Osiris y al dios Anubis para la persona difunta, con el objetivo de que el alimento le llegase a la persona en el más allá. En esta época es Anubis al que se suele invocar para que garantice un funeral apropiado para el difunto; sin embargo, poco a poco se va prefiriendo a Osiris para la provisión de ofrendas y el papel de Anubis comienza a limitarse al enterramiento.[40]

EL CULTO OSIRIANO DURANTE EL REINO MEDIO: ¿UNA DEMOCRATIZACIÓN DEL MÁS ALLÁ?

El Reino Antiguo finaliza cuando comienza lo que conocemos como el Primer Periodo Intermedio. En Egipto se sucedieron tres periodos que consideramos de crisis y llamamos los «periodos intermedios». En este Primer Periodo Intermedio hay una descentralización del Estado y un mayor poder de las elites locales y los nomos. En las tumbas también podemos apreciar cómo hay un mayor poder adquisitivo y cómo las personas acceden de una forma más directa a una producción de textos funerarios hasta entonces monopolizados por la realeza.

Los conjuros de los *Textos de las pirámides* estaban reservados para los enterramientos reales; sin embargo, la inestabilidad política propició que hallemos este tipo de conjuros en tumbas y en ajuar funerario no real durante el Primer Periodo Intermedio.[41] Por tanto, los *Textos de las pirámides* se van a adaptar para particulares y por ese motivo leemos estos conjuros en diferentes tipos de soportes, principalmente en ataúdes, por ese motivo los llamamos *Textos de los ataúdes* (también mal llamados *Textos de los sarcófagos*), porque el soporte donde van a ubicarse de una forma más extendida es en los ataúdes del Reino Medio (foto 9).[42] La diferencia entre un ataúd y un sarcófago es que el ataúd es de madera y el sarcófago de piedra. Estos textos se hallaron fundamentalmente en ataúdes, de ahí su nombre, aunque en muchas ocasiones se les llama «de los sarcófagos» erróneamente.

En los *Textos de los ataúdes* encontramos, por un lado, conjuros que hablan de que la persona va a estar en presencia del dios Osiris, bien sea dándole protección, gozando de su compañía, comiendo con él o cocinándole, incluso actuando como hijo del dios... y, por otro lado, los textos donde se muestra a la persona difunta identificada con el dios Osiris. En los conjuros donde se identifica con el dios se habla también de las acciones que lleva a cabo la divinidad.[43] No obstante, según Smith,[44] aunque se identifica al difunto con el dios, también se distingue de él en muchas ocasiones o se identifica con otras divinidades[45] al mismo tiempo que con Osiris, lo cual se explica cuando comprendemos que estos textos son de uso ritual y, por tanto, no pretenden explicarnos la teología que hay detrás, por lo que no suponen una contradicción dentro de su pensamiento religioso.

Un conjuro muy interesante es el TA 227 titulado «Convertirse en la contraparte de Osiris»,[46] donde se puede apreciar la existencia del mito osiriano tal como lo conocemos: «Yo soy Osiris, el hermano de Isis. Mi hijo Horus y su madre Isis me han protegido del poder de este enemigo que actuó contra mí». En este conjuro se recuerda el papel de Osiris dentro de la religión egipcia, el daño de Seth, pero al mismo tiempo el difunto se beneficia de esta identificación con Osiris.

Durante el Reino Medio el culto al dios sufre un gran impulso, también por su asociación a Khentiamentiu.

Debido al mayor acceso a estos textos funerarios muchos autores han hablado de una democratización del más allá. Esta teoría apoya la idea de que en el Reino Antiguo solo los reyes podían acceder a una vida ultraterrena y que a partir del Primer Periodo Intermedio se democratiza; por tanto, las personas no reales también podrían vivir después de la muerte. Esta hipótesis se sustenta a través de las pruebas arqueológicas que nos han llegado, pero hay que tener en cuenta que la realidad va mucho más allá de lo que tenemos en nuestros museos y archivos hoy en día. Estas opiniones se basan en la idea de que los que podían costearse este tipo de ajuar funerario donde se incluyesen los textos eran los que se beneficiaban de su poder mágico.

No obstante, debemos tener muy presente que los restos arqueológicos que nos llegan son siempre los que han sobrevivido al paso del tiempo con todo lo que ello implica; además, desconocemos muchos aspectos del día a día o de la cultura oral, porque no se han dejado por escrito en textos que hayan pervivido o en representaciones artísticas que seamos capaces de disfrutar en nuestros días. La ritualidad egipcia va mucho más allá de aquello que leemos en la producción textual de la cultura faraónica e ignoramos si muchos de estos conjuros formaban parte de una tradición oral reproducida en contexto funerario por personas analfabetas o si el propio sacerdote recitaría estos textos para la persona que no tenía un costoso ajuar funerario. Además, hubo personas que se enterraron en tumbas donde se depositaron objetos con inscripciones u estelas que no optaron por la inscripción de su ataúd. Por tanto, es muy probable que estos conjuros de los *Textos de los ataúdes* se recitasen para el difunto, ya fuese por un sacerdote o por una persona que conocía esta fórmula.[47]

No debe extrañarnos la idea de que personas analfabetas o la población en general conociese ciertos conjuros, ya que tenemos constancia de que muchas personas los conocían oralmente y los recitaban para protegerse de ciertas fuerzas de la naturaleza.[48]

Por tanto, en este periodo hay un mayor acceso a un tipo de textos que estaban reservados para los reyes en el Reino Antiguo. Al tener acceso a estos textos las personas decidieron incluir inscripciones de estos conjuros en sus ataúdes y en otro tipo de ajuar funerario. Debido al cambio de la política hubo quizá una mayor capacidad económica y libertad para decidir la forma de enterramiento.

Bajo mi punto de vista, la idea de la democratización del más allá deja de lado la realidad de las personas de clase baja o de individuos que recibieron otros tipos de enterramiento dentro del ritual funerario. Además, esta hipótesis establece la idea de que durante el Reino Antiguo solo algunos accederían a una vida ultraterrena, cuando lo cierto es que es muy poco probable que no existiese una creencia de otra vida después de la muerte para todo el mundo. Las fuentes no nos hablan tampoco de que a partir del Reino Medio todo el mundo pensase que podían acceder a un más allá y que esto fuese algo prohibido para ellos en los siglos previos. Por tanto, esta teoría de la democratización presenta más preguntas que soluciones y deja de lado una realidad como es la falta de textos que nos hablen de cómo eran los enterramientos de la clase baja en estos periodos de la historia egipcia, así como suficientes enterramientos que puedan dar alguna pista sobre lo que esperaban después de la muerte. Por tanto, a mi parecer es más acertado hablar de un mayor acceso a ajuar funerario y libertad creativa, y no tanto de una democratización del más allá.

OSIRIS EN EL REINO NUEVO: EL PERIODO DE AMARNA, LA UNIDAD SOLAR-OSIRIANA, EL *LIBRO DE LOS MUERTOS* Y OTROS TEXTOS FUNERARIOS

Tras el Segundo Periodo Intermedio, que sigue al Reino Medio, se inicia uno de los periodos más famosos y mejor conocidos de la historia egipcia: el Reino Nuevo. Durante el Reino Nuevo suceden eventos tan interesantes e importantes como: el gran desarrollo del templo de Karnak, los enterramientos del Valle de los Reyes, los reyes tutmósidas, Hatshepsut, el periodo de Amarna y Akenatón, Tutankamón, la expansión de Egipto hacia Nubia y el Levante, los reyes ramésidas… Además, se trata de un periodo de gran bonanza económica, por lo que a través de las tumbas de la elite y sus representaciones artísticas podemos conocer mucho más sobre la vida y cotidianeidad de los antiguos egipcios. En esta época encontramos tres subperiodos: el periodo preamarna, el periodo de Amarna y el periodo postamarna. En el periodo preamarna empezamos a ver el auge del culto solar y sucede la asunción de los himnos solares, que van a afectar al desarrollo del atonismo, tan característico del periodo de Amarna, por lo que los grandes cambios liderados por Akenatón reposan sobre un cambio gradual previo.[49]

En primer lugar, es importante destacar que el dios Atón ya existía antes de la llegada de Akenatón, aunque él le va a dar un giro y es en este momento cuando encontramos al Atón con las manos al final de los rayos de sol.

Por otro lado, en el período de Amarna no hay una mitología ni se da importancia al mito de la creación, si no a la constante regeneración y creación del mundo cada día con la salida del sol.

En lo que respecta a lo funerario, cabe destacar que rara vez se menciona la muerte en los textos. En este momento consideran que al ponerse el sol se produce una especie de muerte al dormir, ya que el estar tumbado y soñar es similar al estado inerte, por lo que al levantarse cada mañana la persona revive al igual que el sol, por lo que la muerte y el sueño son equiparadas y consideradas condiciones temporales. Además, las tumbas se ubican en este caso en la orilla este, en las montañas orientales que se encuentran cerca de Amarna.[50] Esta ubicación de las tumbas rompe radicalmente con el emplazamiento occidental de las tumbas egipcias, lo cual implica también un cambio en las concepciones de vida y muerte.

Sin embargo, la creencia en el más allá no parece verse radicalmente afectada, ya que continúa la práctica de momificación, el enterramiento en tumbas excavadas con decoración y textos funerarios, y buscaban la protección y ayuda de los difuntos en la otra vida también a través de la deposición de *shabtis* (šbti) en la tumba.[51] También continúan los rituales como el ritual de Apertura de Boca o la ofrenda de comida y bebida para los difuntos en la tumba.[52] En las tumbas lo que observamos no son escenas del más allá, sino de la familia real, rituales en los templos, escenas de la vida diaria o representaciones de Atón, porque es más importante la vida que la muerte. Además, en la tumba de Ay se menciona la ($dw3t$), por tanto, la Duat como espacio sigue existiendo. Al igual que los Campos de Aaru, pero no se sabe con total certeza si Osiris también como su guardián.[53]

No obstante, sí que es cierto que en el periodo de Amarna se creía que el espíritu *ba* iba durante el día a los templos de Atón en Amarna y volvía por la noche al cuerpo de la persona difunta,[54] una idea que rompe radicalmente con el destino del *ba* en otros momentos históricos.

En cuanto a la presencia de Osiris en el periodo amarniense, este no fue perseguido como sucedió con el dios Amón, sino que es tolerado su culto e incluso se le menciona a él y a Anubis en algunos textos funerarios como dioses del más allá, pero también está atestiguado el culto a otras divinidades en Amarna como es por ejemplo Taweret ($T3wrt$).[55] Por tanto, el culto a Osiris no estuvo prohibido, es más, hemos encontrado pruebas de su culto en la ciudad de Amarna, ya que diversos objetos arqueológicos muestran a personas adorando a Osiris, algunos de ellos incluso pertenecieron a miembros de la elite y sacerdotes de Atón. Incluso hay algunos objetos donde se trata al difunto como Osiris durante este momento histórico.[56]

No obstante, Akenatón se convierte en un nuevo Osiris, ya que en el periodo de Amarna el juicio sucedía durante la vida, y no en el más allá. Por ello la familia real tiene un papel central en la decoración de las tumbas, especialmente en las tumbas de la elite de Amarna. Las pruebas muestran que Osiris pervive en Amarna, aunque Atón asume los elementos de otras deidades.[57]

Según Assmann[58] tras el periodo de Amarna los himnos solares muestran que Ra y Osiris son lo mismo, con la diferencia de que Ra es el dios diurno y Osiris el nocturno. Durante el periodo de Amarna los difuntos convivían con los vivos y por ello podían participar en los ritos que se realizaban en la ciudad de Amarna. Por otro lado, en los libros funerarios del Reino Nuevo se aprecia un auge de lo solar, en concreto en el *Libro del Amduat*, donde se muestra una reinterpretación de lo solar y lo osiriano. Bonanno[59] plantea que quizá debido al ataque que sufrieron las creencias funerarias en el periodo de Amarna aumenta el uso de los textos funerarios del Reino Nuevo en el periodo post-Amarna.

Según Bonanno,[60] en los libros del inframundo del Reino Nuevo Ra es capaz, al igual que Osiris, de regenerarse desde la oscuridad. Ra podía transcender a través del tiempo y el espacio en el amanecer, mientras que Osiris en la oscuridad conseguía luz y calor para sí mismo y para aquellos que lo acompañaban. En este sentido, Osiris ofrece a sus seguidores regeneración, fertilidad, germinación y recuperación de sus funciones vitales, tales como respirar, moverse o alimentarse. Esta capacidad de Osiris estaba bajo el control del dios Ra. Como rey del inframundo, Osiris es el sol nocturno que ilumina a los difuntos durante las horas de oscuridad.

Los libros del inframundo narran el viaje del dios Ra durante la noche por la Duat. Esta travesía se divide en doce horas y en cada hora sucede un acontecimiento. La Duat se dividía entre las regiones superiores y las inferiores. En estos textos y sus representaciones pictográficas Ra suele aparecer en ellos en forma de carnero, que es su forma nocturna, o en forma de halcón, que es su forma diurna. En la sexta hora Ra se une a Osiris.[61]

Quizá el más conocido de estos libros es el *Libro del Amduat*, que para los egipcios se llamaba *Escritura para la Cámara Oculta*, que aparece a principios de la dinastía XVIII, durante el reinado de Hatshepsut, aunque parece ser que algunas partes de este libro ya existían en la dinastía XII. En el periodo postamarna no se encuentra el texto completo en la tumba, si no que se selecciona una parte para dejarla por escrito en la misma. En este libro se narra el viaje de Ra-Atum por la Duat en compañía de nueve deidades, a las cuales se suman otras divinidades en momentos concretos de la noche.[62]

En el periodo postamarna se produce lo que se conoce como la unidad solar-osiriana en los libros del inframundo. Esta unión se da en el *Libro del Amduat*, en concreto en los libros de la unión solar-osiriana, que son textos que se pueden encontrar en tumbas funerarias de la realeza del Reino Nuevo, donde podemos apreciar una escritura criptográfica. Estos libros se pueden leer en el segundo santuario dorado de Tutankamón, y en la tumba de Ramsés VI y en la de Ramsés IX. Los tres textos difieren, por lo que no hay un estándar.[63] En ellos se aborda principalmente el paso de Ra por el reino de Osiris durante las horas nocturnas y se produce una unión entre Ra y Osiris, de dicha unión surge una figura gigantesca que alcanza el cielo y al mismo tiempo con sus pies toca el inframundo.[64]

Por otro lado, dentro de esta literatura existe una composición que es el famoso *Libro de los muertos*, que en realidad era conocido por los antiguos egipcios como *Libro de la salida al* día (𓉐𓂋𓏏𓅱𓇳 *prt m hrw*). Los conjuros del *Libro de los muertos* (foto 10) son obtenidos de diferentes fuentes, por ese motivo algunos de los conjuros se duplican,[65] aunque en definitiva son una evolución con añadidos de los *Textos de los ataúdes*. Quizá la copia más famosa de este libro es el *Libro de los muertos* de Ani (Museo Británico EA 10470). Este texto se compone de un total de 190 conjuros (también llamados capítulos por algunos autores). Pese a que todos tenemos en mente que estos textos se conservan en papiro, lo cierto es que no es el único soporte sobre el cual se pueden leer estos conjuros, ya que también se inscribieron algunos de ellos en otros objetos del ajuar funerario tales como *shabtis*, escarabeos, sarcófagos, paredes de las tumbas, etc.[66]

Con estos conjuros del *Libro de los muertos* se buscaba la preservación del cuerpo del difunto, la nutrición del mismo, que el fallecido tuviese libertad de movimiento, que superase el juicio de Osiris y la transfiguración de su espíritu.[67] El tema del juicio de Osiris se abordará en el capítulo 5. Además, estos textos iban acompañados de representaciones, donde destaca el tema de la procesión funeraria hasta la tumba en el día del enterramiento.[68] Otro punto muy relevante dentro de esta composición es la renovación de Ra en el cielo y de Osiris en el inframundo.[69] Por tanto, hay una continuidad en este texto de aquella reunión entre las dos divinidades que observábamos en los textos funerarios de la realeza del Reino Nuevo que hemos comentado previamente.

EL AUGE DEL DIOS OSIRIS DURANTE EL I MILENIO

En este milenio aumenta el culto a Osiris y se enfatiza la relación entre Osiris y la realeza. Por ese motivo en muchas ocasiones observamos el nombre de Osiris inscrito dentro de un cartucho. Además, Osiris va a mantener su carácter como divinidad del más allá a la vez que se enfatiza su papel como dios de los vivos y destructor de los enemigos.[70]

Como bien apunta Smith,[71] durante este milenio hay una proliferación de cultos osirianos, lo cual está sobradamente atestiguado en Karnak (véase el capítulo 5), donde aumenta el número de capillas dedicadas a su culto. En este momento histórico se potencia el papel de Osiris como señor de los jubileos, señor de vida, dador de vida, rescatador de los afligidos... En su papel como rescatador se muestra como una divinidad que te puede ayudar cuando estás en peligro. Para Smith,[72] el éxito de Osiris desde el Reino Antiguo, pero especialmente durante este milenio, se debe a que ofrece una vida eterna en el más allá. A lo largo de estos siglos el culto osiriano y la triada osiriana de Osiris, Isis y Horus va a adquirir un mayor protagonismo en el valle del Nilo.

En época ptolemaica, el culto a Osiris continúa y en la ciudad de Alejandría lo hará especialmente a través de la figura de Serapis. Durante el desarrollo de la dinastía ptolemaica va a ser muy relevante el culto a Serapis (véase el capítulo 5), a Osiris y a Isis. Un ejemplo de ello es que en egipcio el epíteto de Ptolomeo XII fue «joven Osiris».[73] Además, esta dinastía va a tener una fuerte relación con los sacerdotes de Menfis, lugar de culto al toro Apis (véase el capítulo 4). El título de sumo sacerdote de Menfis era hereditario en este periodo, por lo que esta dinastía de sacerdotes menfitas va a controlar el culto en Menfis y también van a influir en la corte ptolemaica. Esta dinastía de sacerdotes concluye en el 30 a. C.[74]

Alejandría como tal fue fundada por Alejandro Magno, pero en la zona ya había un asentamiento egipcio que era conocido como Rakhotis, donde está atestiguada población egipcia desde la dinastía XVIII. Durante el reinado de Ramsés II la población de Rakhotis pidió al rey erigir en esta zona un templo dedicado a Osiris. Además, antes de la llegada de los Ptolomeos al oeste de la isla de Faro existía una calzada que unía la isla con Rakhotis, por lo que el dique ptolemaico está basado en esta estructura previa.[75] En este contexto del Egipto ptolemaico y Alejandría hay que tener en cuenta la aparición de Serapis (véase el capítulo 4) con un importante templo construido en la zona de Rakhotis. Por tanto, el culto osiriano está atestiguado en la ciudad antes de la llegada de los Lágidas y en época ptolemaica y romana por el culto a Serapis, que asimila características de Osiris.

Además, durante época ptolemaica y romana continúan la práctica de la momificación como ritual egipcio, así como la identificación de los muertos con Osiris. En estos periodos van a proliferar textos en los que se recrea el mito de Osiris, donde van a poseer un especial protagonismo los llantos de Isis y Neftis.[76]

EL FINAL DEL CULTO A OSIRIS

El culto a Osiris concluye en la etapa final del Imperio romano como consecuencia de la expansión del cristianismo. A mediados del siglo I d. C. empieza a aparecer en el Imperio romano esta religión monoteísta. Para entender la introducción del cristianismo en Egipto de una forma tan temprana hay que comprender la proximidad geográfica de Jerusalén y Egipto. Además, durante siglos las poblaciones que vivían en la zona del Jordán bajaban a Egipto, y durante el Reino Nuevo esta zona fue ocupada por los egipcios. Prueba de que hubo intercambio entre ambas culturas la encontramos en la propia Biblia, donde el país del Nilo aparece presente ya en sus primeros libros y también en el Evangelio con la huida a Egipto de la Virgen María embarazada con José.[77] Al mismo tiempo, según la tradición copta, el evangelista San Marcos visitó Egipto durante el gobierno de Nerón. A mediados del siglo I llegó a Alejandría y desde ahí comenzó a evangelizar, de hecho, en esta ciudad obró un milagro.[78]

Además, en Egipto, especialmente en Alejandría, había comunidades judías consolidadas desde época ptolemaica que tuvieron un papel importante en la introducción del cristianismo en el Nilo.[79] Parece ser que penetró en el país por Alejandría, donde se generó el primer núcleo cristiano, y desde ahí se expandió por todo el país. Según Eusebio de Cesarea, que escribe en el siglo IV, el cristianismo llegó a Egipto de la mano del evangelista San Marcos, que estableció iglesias en la propia Alejandría.[80]

Cuando hablamos del éxito que tuvo la introducción del cristianismo en Egipto hay que tener en cuenta varios factores. Por un lado, hay una mitología egipcia que favorece la introducción de este culto y es la triada compuesta por Osiris, Isis y Horus (foto 11). El culto osiriano en Egipto facilita la introducción del cristianismo porque establece un modelo familiar que es similar al que encontramos en el cristianismo. Por tanto, mantiene una estructura social y apoya la fuerte relación madre-hijo, en el caso de la religión egipcia con Isis y Horus, y, en el caso del cristianismo, con la Virgen María y Jesús.[81] Este aspecto es especialmente interesante, ya que el culto a Isis crece enormemente durante el I milenio a. C. y se difunde su culto por el Imperio romano. Asimismo, en la Iglesia copta va a tener un papel protagonista la Virgen María, entre otros motivos porque conecta también con el relato bíblico de la huida a Egipto: la Virgen embarazada huye junto con José a Egipto, donde se esconden,[82] por lo que sitúa en este país un episodio que ayuda a conectarlo con la identidad copta. Por tanto, el cristianismo se asienta en una iconografía e ideas que son conocidas por las personas de la época.

Por otro lado, los egipcios ya tenían la idea de las reliquias en su práctica religiosa, por lo que poseer reliquias no era algo nuevo. Un ejemplo de ello lo observamos en el mito de Osiris, ya que cuando este es descuartizado por su hermano Seth, los miembros del dios llegan a diferentes lugares de Egipto, donde se entierran y que se convierten en lugares de peregrinación durante el Egipto antiguo. Las reliquias del cristianismo también fueron un motivo de peregrinación, por lo que las personas iban a ver las reliquias que podían constituir el cuerpo o partes del cuerpo de ciertos santos, principalmente de los Padres del Desierto.[83]

Otro elemento que tuvieron en común la religión egipcia y el cristianismo fue la idea de un juicio final. Según las creencias egipcias al llegar al más allá la persona debía enfrentarse al juicio de Osiris y en el cristianismo ya estaba presente la idea de un juicio final[84] (véase el capítulo 4).

Además, la sociedad egipcia a lo largo de su historia había sido flexible en lo que se refiere a la integración cultural, lo cual incluía los cultos extranjeros. De hecho, en Alejandría hubo una situación de pluralidad religiosa prácticamente desde el inicio de su andadura como ciudad. En este sentido no debió suponer para la sociedad de la época un gran conflicto la convivencia con una nueva religión.[85]

Por otro lado, la religión egipcia a partir de mediados del siglo II d. C. comienza un proceso de decadencia. De hecho, a mediados del siglo III d. C. ya no tenemos fuentes que nos hablen de los ingresos de los templos.[86] Este ocaso unido al auge del cristianismo propició un buen contexto para la expansión de esta religión monoteísta.

Por tanto, no debemos entender el éxito del cristianismo en Egipto como un evento unifactorial, sino como la convergencia de diferentes aspectos: el culto osiriano, el culto isíaco, el debilitamiento de la religión egipcia y su estructura sacerdotal durante el Imperio romano, las comunidades judías, el contacto entre el corredor sirio-palestino y Egipto, la presencia de Egipto en la Biblia, etc.

En el siglo III d. C. empiezan las grandes persecuciones a cristianos, que culminan en el 303 d. C. con las grandes purgas de Diocleciano. Al mismo tiempo, en Egipto surge el monaquismo. Esta práctica se basaba en los 40 días que Jesucristo pasó en el desierto. A finales del siglo III dos jóvenes, Pablo y Antonio, dejaron su vida para irse a vivir en soledad al desierto, sentando las bases de esta práctica y, posteriormente, fueron convertidos en santos de la Iglesia. San Pablo se convirtió en el primer eremita.[87] San Antonio se considera el padre de los monjes, pero antes de fundar su monasterio vivió en una tumba egipcia, lo cual no es extraño, ya que muchos eremitas vivieron en tumbas. Este llegó a ser muy famoso y el propio emperador Constantino llegó a pedirle a través de una carta que rezase por él. Además, san Antonio fue visitado por discípulos, peregrinos y por diferentes gentes, lo cual resultó en la creación de un monasterio.[88]

A partir del siglo III empieza a haber levantamientos e inestabilidad política en la zona este del Mediterráneo. Un ejemplo de ello fue la revuelta que hubo en Alejandría en contra de Diocleciano, que finalmente fue sofocada en el 298 d. C. Poco después, en el 313, por medio del Edicto de Milán promulgado gracias a Constantino, se permite el cristianismo en el Imperio romano.[89]

El punto final del paganismo sucede durante el gobierno de emperador Teodosio. Teodosio fue bautizado y, por tanto, era cristiano. Este emperador se preocupó por perseguir los cultos paganos, especialmente en Egipto, por ese motivo comenzó a prohibir prácticas tales como la momificación, el uso de textos herméticos o la escritura demótica. No obstante, quizá la que tuvo una mayor repercusión fue la de prohibir la momificación. Esta práctica estaba asociada a la religión tradicional egipcia y, tal como hemos podido apreciar en el capítulo 2, se trataba de un ritual funerario a través del cual el difunto se identificaba con Osiris. La prohibición de la momificación es una prueba más de que esta no era simplemente una transformación del cuerpo, sino un ritual religioso con una gran profundidad mitológica; sin embargo, pese a todo la momificación era el sustento de muchas familias, ya que conllevaba una gran industria a lo largo de Egipto, por ese motivo muchas personas continuaron siendo momificadas pese a la prohibición. Una prueba de su continuidad es que san Antonio pidió al morir que por favor las personas dejasen de momificarse como una forma de honrarle.[90]

En este momento histórico se potencia la vida monacal, porque ya no tienen que esconderse; por ese motivo hallamos la expansión de los monasterios en la orilla oeste tebana, donde se van a erigir monasterios entre las tumbas y templos del Reino Nuevo.[91] Finalmente, Teodosio decreta la prohibición del paganismo en el 379 d. C. A partir de entonces comienza a haber disturbios en Alejandría en contra de estos cultos y uno de los objetivos fue el templo de Serapis en Rakhotis, que se acaba destruyendo y en su lugar se construye una iglesia.[92] Además, los coptos van a reutilizar muchos de los templos egipcios como iglesias cristianas; prueba de ello son las cruces coptas que podemos visitar hoy en día en algunos de los templos egipcios más importantes. Al mismo tiempo también hubo prácticas destructivas hacia la religión egipcia.[93]

No obstante, aunque hay un cambio religioso, hay que tener muy presente que la cultura no cambia de la noche a la mañana. Por ejemplo, por ese motivo se han encontrado textos mágicos y amuletos durante el siglo IV d. C. utilizados por parte de cristianos, y son objetos y prácticas que conectan con la tradición egipcia anterior, aunque oficialmente la Iglesia cristiana no lo permitía en el momento.[94] Los cambios culturales nunca son radicales, siempre son paulatinos, y en muchas ocasiones las culturas adaptan tradiciones anteriores porque a veces se encuentran muy arraigadas en la sociedad.

Sin embargo, la práctica de la religión egipcia está atestiguada hasta el siglo v y la última inscripción en jeroglífico es de finales del siglo IV. Esta última inscripción es lo que conocemos como el grafito Filé 436 o grafito de Esmet-Akhom, que contiene una representación de Mandulis, un texto en jeroglífico y otro en demótico. Este grafito se encuentra en la puerta de Adriano, está fechado en el 24 de agosto del 394 d. C. y fue dedicado finalmente a Mandulis, una divinidad nubia, aunque en el texto se menciona el cumpleaños de Osiris, es decir, el día epagómeno dedicado a él.[95] El motivo por el cual lo observamos en Filé y no en otro templo se debe a que el cierre de este templo se excluye del cierre de los templos paganos por parte de Teodosio, debido a que parece que hubo una falta de acuerdo con la tribu blemita que controlaba el templo y que no era cristiana. Además, en el siglo IV Filé se convirtió en un lugar de peregrinación para los cristianos, ya que al lado del templo egipcio se situaba la iglesia de San Esteban. En el templo egipcio de Filé hubo actividad ritual hasta el 456 y, posteriormente, Justiniano cierra el templo egipcio en el 553, aunque este cierre por parte del emperador bizantino parece ser más bien simbólico, ya que no había actividad religiosa en ese momento. Una vez que el templo egipcio cae en desuso la pronaos fue utilizada por los cristianos como iglesia de San Esteban.[96]

4

Aspectos del dios

EL JUICIO DE OSIRIS: EL DIOS COMO REY DEL MÁS ALLÁ

Osiris era el rey del más allá y, por tanto, el que presidía el juicio popularmente conocido como juicio de Osiris. En el proceso judicial había una serie de personajes implicados, como veremos a continuación, por lo que es muy importante tener presente que él no es el único dios que atiende al juicio del difunto.

Durante el Reino Antiguo sabemos que existía la idea de un juicio en el más allá donde estaban Ra, Ptah, Anubis y Khentiamentiu entre otros; sin embargo, desconocemos quién lo presidía y también si la buena conducta en vida determinaba el curso del juicio.[1] Además, en la mayor parte de las fuentes de este periodo el difunto se justifica ante Ra u otras deidades, no ante Osiris, aunque Osiris ya en este momento es calificado como «señor de *maat*».[2] En el Reino Antiguo, Osiris permite a los difuntos viajar por los caminos del más allá por donde transitan los que han muerto antes que ellos; al mismo tiempo, se sienten satisfechos por estar en presencia del dios Osiris.[3]

En la dinastía VI el difunto es *imakh* (𓇋𓌳𓐍 *im3ḫ* en el caso de ser hombre e 𓇋𓌳𓐍𓏭 *im3ḫyt* en el caso de ser mujer) ante Sokar. Ser un *imakh* significaba estar en la presencia de un dios que te daría su protección en el más allá.[4] Este estatus de *imakh* en épocas tardías se adquiría una vez la persona superaba el juicio de Osiris.[5]

Osiris va adquiriendo competencias legales y por ese motivo va apareciendo la idea de que es importante haber tenido una vida repleta de buenas acciones para poder seguir viviendo en el más allá. Además, también debemos tener presente que, en el Reino Medio, después de la crisis del Primer Periodo Intermedio, empieza a ser muy importante la idea de justicia social, algo que podemos observar en cuentos como *El campesino elocuente* o en la literatura que escribe en este periodo. Debido a la falta de control y poder de las elites locales, los egipcios sienten que hay un desequilibrio en la *maat*, por lo que a partir de este momento más que nunca va a ser importante que el rey sea el garante del orden, de esta *maat*, de esta justicia, y que mantenga el equilibrio dentro de Egipto. En este sentido, Osiris como rey y dios del más allá, debe mantener este orden y esta *maat* para que siga un buen funcionamiento y sea un sistema justo para todos los integrantes de la comunidad de la otra vida.

En el Reino Medio, en la literatura sapiencial observamos la idea de un castigo final para aquellos que no han tenido un buen comportamiento durante la vida[6] y es en este periodo cuando aparece el título de *justo de voz*[7] (⊒𝄇 *m3ꜥ-ḫrw*) detrás del nombre de la persona en los textos funerarios.[8] Assmann[9] considera que superar el juicio de Osiris, convertirse en *justo de voz* y transformarse en un espíritu transfigurado implicaba la restauración de la identidad personal. Además, se manifestaría de nuevo una victoria de Osiris y Horus sobre Seth, ya que para este autor Seth simbolizaría la muerte, bien matando a Osiris o en este caso a la persona difunta que se identifica con Osiris.

El mayor desarrollo del juicio de Osiris llega con la aparición del texto que conocemos como *Libro de los muertos* (véase el capítulo 3). En este texto podemos encontrar por un lado la justificación del difunto ante Osiris (conjuros 18 a 20 del *Libro*) y la confesión negativa (conjuro 125). En el conjuro 125 podemos leer la confesión negativa del difunto y suele estar acompañada de la famosa representación del juicio de Osiris (fotos 10 y 12). En algunas ocasiones la persona difunta llega al tribunal acompañada de la mano de Anubis, que la presenta ante Osiris y el tribunal de dioses; pero en otras representaciones la persona difunta aparece sin acompañante divino. La sala donde es juzgada la persona es conocida como la sala de la Doble Verdad.

Esta escena suele estar acompañada de la confesión negativa o de inocencia. En la justificación la persona se declara a sí misma justa de voz y le pide al dios Thot que justifique a la persona difunta delante del tribunal. Estos capítulos o conjuros están atestiguados desde la dinastía XVIII hasta época ptolemaica, por lo que era muy importante conseguir el apoyo de Thot.[10] En ella la persona expone que ha sido buena durante la vida diciendo lo que no ha hecho mal. Este aspecto es muy interesante, ya que nos permite conocer en gran medida cuál era el código moral en este periodo del antiguo Egipto. La persona difunta se dirige hacia Osiris y comienza diciendo que conoce el nombre del dios y también el de los 42 dioses del tribunal. A continuación, comienza su confesión diciendo, entre otras cosas, que no ha hecho daño a nadie, que no ha realizado ninguna abominación hacia los dioses, que no ha bloqueado el paso de la divinidad en sus procesiones, que no ha blasfemado, que no ha matado ni ordenado matar, que no ha robado, que no ha cotilleado, que no se ha acostado con la mujer de otro hombre... Al final se dirige al tribunal y le pide ayuda para que lo protejan y declara ser puro de boca.[11]

Esta confesión, para Assmann,[12] servía como una forma de purificación frente a los dioses, ya que nadie es inocente y por ello era una forma que tenía la persona difunta de reconocer sus errores en vida y poder pasar adecuadamente al más allá. Sin embargo, otros autores, como Morenz,[13] consideran que es una forma mágica de garantizar un resultado favorable. No obstante, en muchos textos se habla de lo importante que es el buen comportamiento en vida, como por ejemplo en la tumba de Petosiris. Para Morenz esto tiene que ver con el código moral individual; puede que Petosiris fuese una persona muy correcta, pero lo cierto es que no todo el mundo era inocente, ni había tenido un comportamiento ejemplar durante su vida. Por ese motivo, y porque en el antiguo Egipto la magia era una práctica habitual, el autor considera que estamos ante una práctica mágica.

Bajo mi punto de vista, la hipótesis de Morenz es coherente con la cultura y religión egipcias, aunque la propuesta de Assmann podría encajar dentro de esta idea si consideramos que al recitarla la persona estaría, por así decirlo, prometiendo no repetir esos errores y dejarlos atrás para entrar redimido al más allá al mismo tiempo que es un acto mágico. Por otro lado, debemos tener presente que en los rituales funerarios era muy importante el papel que cumplía la magia profiláctica para que la persona lograse superar todos los obstáculos y convertirse en un espíritu transfigurado. Los textos de las tumbas, bien sean inscripciones o un papiro con el *Libro de los muertos*, son una muestra de esta necesidad de protección para que la persona transitase hacia la otra vida. Cuando observamos el juicio de Osiris, principalmente en los papiros, la persona suele aparecer en otras viñetas habiendo superado este evento, por lo que conecta bastante bien con lo que Morenz plantea.

A continuación, tras la confesión negativa, se pesa su corazón en una balanza contra la pluma de la diosa Maat o contra la propia diosa Maat ($M3^ct$), en cualquiera de los dos casos se está decidiendo si el corazón del difunto, que era donde para los egipcios residía el pensamiento, había sido justo, ya que la diosa Maat simbolizaba el orden creador y la justicia, por lo que, si el corazón había vivido de acuerdo con los principios del orden creador divino, entonces podía acceder al más allá. El corazón debía estar en equilibrio con Maat, por lo que el resultado favorable era cuando el corazón pesaba lo mismo, ni más, ni menos; por ese motivo en las representaciones del juicio solemos observar que la balanza está en perfecto equilibrio. De esa forma se conseguiría un resultado positivo, al dejarlo representado en el papiro, porque actuaría como una garantía mágica. Al igual que todos los conjuros, las representaciones ayudaban también en este propósito de conseguir un desarrollo favorable. Delante de esta balanza suele estar el dios Thot tomando nota del resultado de la balanza y un tribunal de 42 dioses presenciaba el evento. Estos 42 dioses simbolizan las provincias egipcias.

En el siglo IV a. C. se consideraba que todas las personas al morir eran iguales ante el juicio de Osiris, que el haber sido rico o pobre en vida no determinaba el resultado de la balanza.[14]

Si el corazón delataba a la persona entonces el monstruo femenino Ammyt (𓏭𓃾𓃠𓇋𓏏𓏭𓆇 ^{c}m-mwt) devoraba su corazón y se le condenaba a la no existencia. El nombre de Ammyt significa literalmente «la devoradora de los muertos». Este monstruo femenino era un ser híbrido compuesto por tres animales: unas patas traseras de hipopótama, un torso y patas delanteras de leona y una cabeza de cocodrilo.[15]

En los papiros siempre se muestra que la persona ha superado favorablemente el juicio y en la siguiente escena solemos encontrarla en la presencia de Osiris, que habitualmente está acompañado de sus hermanas Isis y Neftis (foto 10). No obstante, también puede ser introducido por otras divinidades (foto 12). Además, Osiris siempre aparece debajo de una capilla, puede estar de pie o sentado en su trono, pero siempre portando sus característicos atributos.

UN DIOS DE LA NATURALEZA, LA FERTILIDAD Y EL NILO

Osiris es un dios que desaparece y reaparece en la naturaleza, no solo a través de los cuerpos celestes que se identifican con él, también en los ciclos agrícolas que están asociados al calendario egipcio. No obstante, aunque tenga una relación con lo vegetal no quiere decir que sea un dios de la vegetación, tal como argumenta Kucharek.[16]

En primer lugar, Osiris posee una relación con el Nilo. En el antiguo Egipto (actualmente este fenómeno no se puede observar por la construcción de la presa de Asuán en el siglo XX) el río se desbordaba una vez al año. Debido a las lluvias torrenciales del monzón en la zona de Etiopía, el caudal del río aumentaba su volumen. El Nilo cubría los campos cada año y al retirarse la crecida dejaba un limo natural de color negro que funcionaba como abono.

La relación de Osiris con el Nilo y con la crecida está íntimamente ligada a su vinculación con la constelación de Orión.[17] Para los egipcios el origen del Nilo estaba cerca de la primera catarata. Cerca de esta catarata, en la isla de Biga, se consideraba que estaba enterrado el cuerpo de Osiris[18] (véase el capítulo 5). En los *Textos de las pirámides* ya existe una relación entre Osiris y el agua fresca, y, en los *Textos de los ataúdes*, se menciona el agua fresca que recibe el difunto de Osiris. El agua fresca se vinculaba con el Nilo y en el contexto funerario ayuda a la revivificación de los difuntos. Además, se consideraba agua fresca la del primer día de la inundación, que se guardaba en las cantimploras de Año Nuevo (véase el capítulo 5). Esta vinculación de Osiris con el agua fresca como elemento revivificador va a continuar hasta el siglo IV d. C., momento en el que hallamos en el templo de Filé una inscripción donde se menciona esta idea de dar agua fresca al difunto. A partir del Reino Nuevo ya hay una identificación de Osiris con el Nilo, que se va a mantener hasta época de Plutarco.[19]

Este aspecto de la divinidad se asocia con la siembra y la fertilidad de la tierra, aunque no a la cosecha[20] y tampoco es un dios de la tierra como es el dios Geb, aunque sí relacionado con aspectos vinculados al mantenimiento de la vida. En este sentido, Osiris se asociaba con la crecida del Nilo, que posibilita una buena cosecha cada año, que además coincidía en el calendario con el festival de Año Nuevo.[21] Osiris traía con la inundación el «agua pura» o «agua joven», que emanaba de él mismo.[22] Por otro lado, Pausanias recoge la idea de que la crecida son las lágrimas de Isis:[23]

> A un fenicio le he oído algo parecido: que los egipcios celebran en honor de Isis la fiesta cuando dicen que ella está afligida por Osiris. En este tiempo el Nilo comienza a subir, y muchos del lugar dicen que lo que hace es crecer el río y regar las tierras de labor son las lágrimas de Isis

Por tanto, tenemos fuentes que manifiestan que la crecida emana del cuerpo de Osiris; en este caso se trataría de un efluvio del dios, mientras que Pausanias sitúa el origen de la crecida en las lágrimas de la diosa. En cualquier caso, en los dos casos la crecida se considera una manifestación física del mito osiriano.

En muchas ocasiones se ha interpretado que el color de la piel de Osiris, negro o verde, está asociado con la vegetación y con la fertilidad de la tierra, y que por ese motivo son dos colores vinculados a la regeneración y a la revivificación.[24] El verde es el color de las plantas, de los vegetales, en definitiva, de todo aquello que brota de la tierra, mientras que el negro es el color del limo que deja la crecida y, por tanto, es un color asociado a la regeneración y a la fertilidad de la tierra.

Por esta relación del dios con la fertilidad de la tierra y la llegada de la inundación, los egipcios hacían durante el festival de Khoiak (véase el capítulo 5) lo que conocemos como las *momias de grano* y las *camas de Osiris*.

Las *camas* son unos pequeños ataúdes o moldes con la forma del dios Osiris que se rellenaban con tierra y semillas de grano de espelta y cebada, para después echarle agua y que germinase el grano (foto 13). En algunas ocasiones se podía poder sobre esta amalgama de tierra con grano una pieza de papiro y lino. Estas *camas* se realizaban como una forma de culto al dios y recordaban los ciclos de la vegetación, ya que el grano es un elemento cíclico de la naturaleza.[25]

Hallamos por primera vez estos objetos en el Reino Medio. En origen, no tienen forma de Osiris, por lo que habrá que esperar al Reino Nuevo para hallarlas con esta forma. Es posible que estas figuras rituales tuviesen relación con el conjuro 269 de los *Textos de los ataúdes*,[26] que se titula «Convertirse en cebada del Bajo Egipto» como un símbolo de vida:

> Convertirse en cebada del Bajo Egipto. *NP* es este haz de vida que salió de Osiris para crecer en las costillas de Osiris y nutrir a la gente, que hace a los dioses divinos y espiritualiza los espíritus...[27]

En este texto se busca que el individuo reviva a través de la *cama de Osiris* y, por tanto, se identifica al difunto con el dios.[28]

En el Reino Nuevo se depositaron algunas de estas *camas* en tumbas reales, como por ejemplo en la tumba de Tutankamón o de Horemheb. Se ha planteado que también debieron depositarse en tumbas privadas por una escena y un texto de la TT50 de Neferhotep donde se menciona la creación de estas figuras durante el festival de Khoiak; pero no se han encontrado restos arqueológicos de estos objetos en tumbas privadas, motivo por el cual para Raven no podemos asegurar que efectivamente se enterrasen también con estas figuras.[29]

En época ptolemaica se hacían estas *camas* dentro de los templos como una forma de representación del dios y de rendirle culto.[30]

Por otro lado, encontramos las *momias de grano*, que a veces se confunden con las *camas de Osiris*. Las momias de grano probablemente son la continuación de las *camas* en época tardía, y, aunque ya las encontramos en el Reino Medio en el culto a Osiris, la mayoría de ellas datan de época ptolemaica y romana. La momia de grano se hacía con tierra fértil mezclada con semillas de trigo y cebada. Esta figurilla, de 35 a 50 centímetros, se vendaba como si fuese una momia con lino y se le ponía una máscara (foto 14) que podía ser realizada con cera. También podían incluir otros atributos osirianos, como la corona *atef*, aunque a veces llevan la corona blanca, y cetros ocasionalmente. Las momias se realizaban con barro, se envolvían con lino y estas representaban al dios Osiris. En algunas ocasiones, sobre todo en época ptolemaica y romana, se hacían con el pene erecto como un símbolo de fertilidad, regeneración y sexualidad.[31] Todos los elementos presentes en estas *momias* buscaban manifestar la regeneración y revivificación de Osiris, desde el grano, hasta el agua, la tierra o la cera empleada en las máscaras.[32]

Osiris no es un dios que personifique la naturaleza en sí misma, sino que tiene relación con diferentes agentes presentes en el cosmos egipcio, en el sentido de que tanto naturaleza como su muerte y revivificación son procesos cíclicos que están constantemente reiniciándose.

Foto 1. Isis-Afrodita siglo II d. C. MMA 1991.76

I

Foto 2. Osiris, Baja Época, MMA 61.45

II

Foto 3. Ataúd antropomorfo del sumo sacerdote de Amón Amenemhat, dinastía XXI, escena de Nut y Geb, MAN 15216. Foto de Alejandra Izquierdo Perales

III

Foto 4. Harpócrates, Baja Época, The Walters Art Museum 54.1983

IV

Foto 5. Pájaro *ba*, época ptolemaica, MMA 44.4.83

V

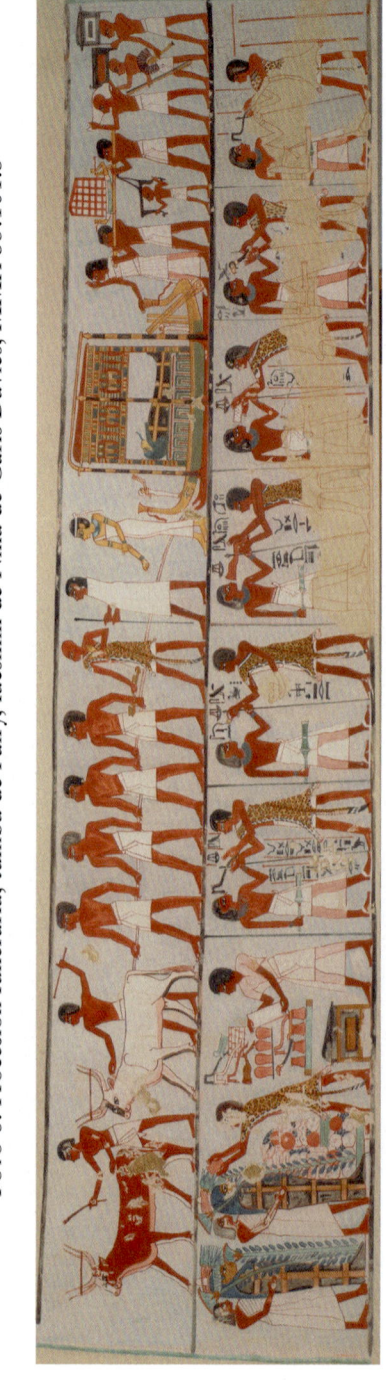

Foto 6. Procesión funeraria, tumba de Pairy, facsímil de Nina de Garis Davies, MMA 35.101.3

Foto 7. Máscara funeraria de Artemidora con una escena donde
se muestra la revivificación de Osiris tras la momificación con Anubis,
Isis y Neftis, siglo I d. C., MMA 11.155.5a, b.

VII

Foto 8. Osiris en la réplica de la tumba de Sennedjem
(TT 1, Reino Nuevo). Fotografía de Alejandra Izquierdo Perales

Foto 9. Ataúd de Khnumnakht con el nombre de Osiris en la fórmula
de ofrendas, Reino Medio, MMA 15.2.2a, b

VIII

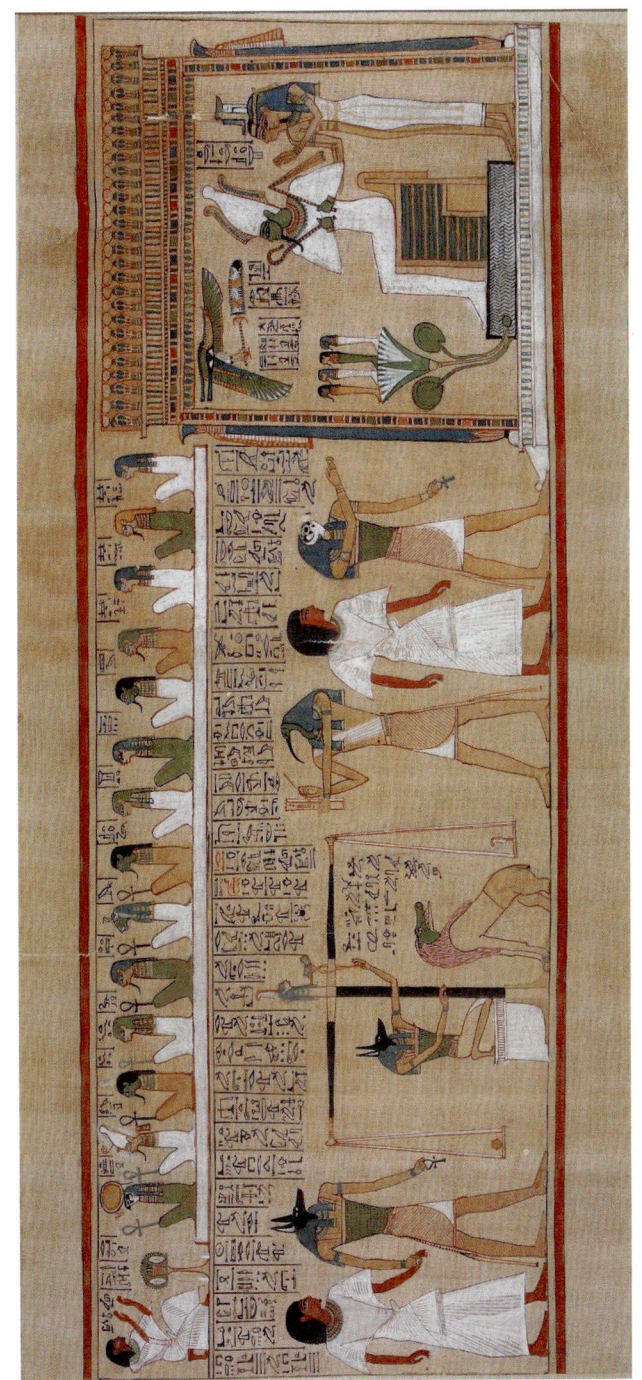

FOTO 10. *Libro de los muertos* de Hunefer, escena con el juicio de Osiris, Reino Nuevo, BM EA9901,3

IX

Foto 11. Triada de Isis, Osiris y Harpócrates, Baja Época, MMA 42.2.3

X

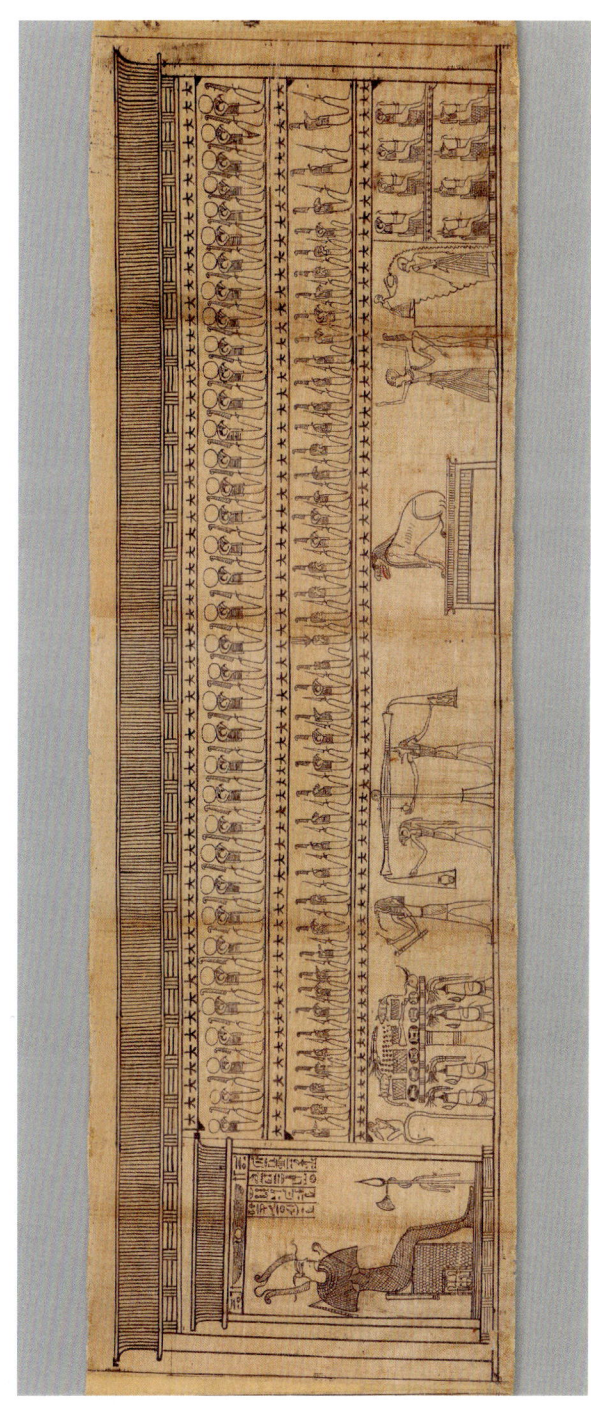

Foto 12. *Libro de los muertos* del sacerdote de Horus, Imhotep, época ptolemaica, MMA 35.9.20a–w

XI

Foto 13. Ladrillo de germinación de Osiris con la forma del dios,
Tercer Periodo Intermedio, MMA 20.2.30

Foto 14. Momia de grano de Osiris, época ptolemaica, MMA 44.6.1

XIII

FOTO 15. Escena de recolección y producción de vino, Tumba de Ipuy (TT 217, Reino Nuevo), reproducción de Charles K. Wilkinson, MMA 30.4.118

Foto 16. Osiris representado como la luna con la forma Osiris-Iah, Baja Época, MMA 1971.272.15

XV

FOTO 17. Apis transportando el cuerpo del difunto, Tercer Periodo Intermedio-Baja Época, MMA 90.6.86

XVI

Foto 18. Serapis, siglo II d. C. The J. Paul Getty Museum, Villa Collection, Malibú (California), siglo I a. C.-I d. C., 74.AP.21

XVII

Foto 19. Ptah-Sokar Osiris, época ptolemaica, MMA 21.9.1a–c

XVIII

Foto 20. Ave benu en la réplica de la tumba de Sennedjem
(TT 1, Reino Nuevo). Fotografía de Alejandra Izquierdo Perales

XIX

FOTO 21. Quiosco hathórico en la azotea del templo de Dendera que era utilizado durante el festival de Khoiak. Fotografía de Inmaculada Vivas Sainz

FOTO 22. Gran estatua del dios Osiris. Fotografía de José Luis Banús. Misión Arqueológica de Oxirrinco

XX

FOTO 23. Galería de nichos donde se enterraban las pseudomomias osiriacas junto a su ajuar. Fotografía de José Luis Banús. Misión Arqueológica de Oxirrinco

FOTO 24. Momia de Osiris y selección de piezas que formaba parte del ajuar funerario de las pseudomomias osiriacas. Fotografía de Maite Mascort. Misión Arqueológica de Oxirrinco

Foto 25. Osiris en el templo de Filé. Fotografía de José Miguel Parra

Foto 26. Templo de Osiris en Abydos dentro del complejo de Seti I.
Fotografía de Inmaculada Vivas Sainz

Foto 27. Cantimplora
de Año Nuevo, Baja Época,
The Walters Art Museum
48.419

XXIII

Foto 28. Escena de banquete, tumba de Nakht (TT 52, Reino Nuevo), reproducción de Norman de Garis Davies, Lancelot Crane y Hugh R. Hopgood, MMA 15.5.19d, j-k

XXIV

EL VINO

Una de las cuestiones que en algunas ocasiones pasa desapercibida es la relación de Osiris con el vino, aspecto que comparte con Dioniso y también con la diosa egipcia Hathor. La relación de Osiris con el vino se traslada al festival *Wag,* donde él es el «señor del vino» durante los tres días de la celebración. El consumo del vino está atestiguado en el antiguo Egipto, no solo a través de las fuentes escritas, también por las pinturas donde se nos muestra en muchas ocasiones escenas de recolección de uva o producción de vino (foto 15).

Estos festivales vinculados al vino y a la embriaguez se celebraban durante la inundación. En el caso de la diosa Hathor, recordaban al mito de la destrucción de la humanidad vinculado a la diosa y a su transformación en Sekhmet.[33]

En el caso de Osiris, su vinculación con la uva y el vino están asociados a la llegada de la inundación después de la aparición de Orión, constelación asociada con la crecida y con Osiris, como se explicará posteriormente. Por tanto, su epíteto como «señor del vino» conecta con su carácter de dios que trae la inundación y, en consecuencia, como dios asociado a los ciclos de la naturaleza y la agricultura. A través de la vid Osiris se muestra como un dios que vuelve a la vida al mismo tiempo que los ciclos de la naturaleza se reinician cada año.[34]

LOS ASTROS

Los egipcios eran grandes astrónomos y para ellos era muy importante la observación de los diferentes cuerpos celestes, ya que éstos se vinculaban con su calendario lunar, el cual determinaba los ciclos de la agricultura y también de los ritos. Como ya se ha analizado, Osiris es un dios que aparece y reaparece, asociado con la fertilidad y los ciclos de la naturaleza. En este sentido los egipcios plasmaban su mitología y creencias en los cuerpos celestes, por ese motivo Osiris se identificaba con la constelación de Orión ($s3h$), con nuestro satélite la luna (i^ch) y con el planeta Venus ($sb3$-$dw3$). La fuerte vinculación de Osiris con los diferentes cuerpos celestes no debería extrañarnos, ya que su madre Nut no solo era identificada con el cielo, sino que también era la Vía Láctea[35]. Asimismo, Plutarco busca diferentes explicaciones en la naturaleza del mito osiriano y hace un especial hincapié en lo astronómico.[36]

Por un lado, la constelación de Orión se vinculó al dios Osiris ya en los *Textos de las pirámides*.[37] La relación amorosa entre Isis y Osiris también se refleja esta constelación, por ello los egipcios consideraban que la diosa Isis era Sothis ($spdt$)[38], que es la estrella Sirio,[39] que sigue a la constelación de Orión. Además, Isis-Sothis debía aparecer el día de año nuevo (Tabla 1), es decir, el cuarto día epagómeno, que es cuando nace Isis. Un ejemplo lo observamos en el techo astronómico de Dendera, donde se refieren a ella como «Sothis la grande, señora del *wp rnpt*», es decir, la señora de Año Nuevo.[40]

Para los egipcios en el cielo se reproduce la mitología, por lo que allí también se observa la oposición con su hermano. El dios Seth se identificaba con Mesekhtyu ($mshtiw$ era la Osa Mayor), por lo que mientras que Orión desaparecía, Mesekhtyu estaba siempre en el cielo.[41] Mesekhetyu era representada en el arte egipcio como la pata de un toro y simboliza la pierna de Seth.[42]

Por otro lado, Osiris se identificaba con la luna (foto 16) al igual que los dioses Thot o Khonsu, que ejemplifican en el antiguo Egipto otros aspectos de lo lunar. La luna tenía un carácter osiriano por su aparición y desaparición en el cielo a lo largo del mes lunar, por lo que muestra cómo la luna, en su forma de *ba* de Osiris, es capaz de desaparecer, pero siempre volviendo victoriosa para traer luz en la oscuridad.[43] Asimismo, el cuerpo de Osiris, cuando es desmembrado por su hermano Seth, suele dividirse en catorce partes que coinciden con las fases de la luna, ya que son catorce días los que tarda la luna en pasar de luna nueva a luna llena y otros catorce en remitir su tamaño y volver a la luna nueva, completando así un ciclo lunar de veintiocho días.[44]

En la azotea de Dendera se identifica a Osiris con la luna; aquí aparece protegido por Thot y Shu en la fase lunar decreciente y en la fase creciente se muestra acompañado de catorce divinidades que le hacen ofrendas. Por tanto, hay una gran presencia de la asociación entre Osiris y la luna en Dendera.[45]

Además, Plutarco dice en su obra que la crecida del Nilo los egipcios la vinculan con las fases lunares y que el toro Apis es creado bajo la luz de la luna.[46] El escritor romano dice que hay algunas personas que «interpretan el mito como una alegoría de los eclipses; pues la luna sufre eclipse en plenilunio: al tener el sol una posición opuesta a la suya cae ella en la sombra de la tierra, como Osiris, cuentan, en el ataúd».[47]

Y, por último, Osiris se identificaba con el planeta Venus y su hermano Seth con el planeta Mercurio (sbg). Para los egipcios Venus no era un planeta, si no que se consideraba la estrella de la mañana ($sb3$-$dw3$). A partir del Reino Nuevo Venus también es llamada «la estrella que cruza» ($sb3$ $d3i$).[48] De nuevo en el cielo observamos cómo estos cuerpos celestes, en este caso dos planetas interiores, son identificados con los dos hermanos y rivales. Debido a su posición en el cielo y a los días que tarda cada planeta en dar la vuelta al sol, Venus siempre tiene un brillo mayor y se muestra en una posición más elevada que Mercurio; por tanto, Osiris también vence a Seth como planeta. En este aspecto de Venus se vincula a Osiris con el ave *benu*. El ave *benu* es un pájaro asociado a Ra y al dios creador en Heliópolis, en su faceta osiriana muestra el sol difunto durante la noche y su renacimiento en el amanecer, por lo que es una muestra de la capacidad regeneradora de la vida, un aspecto que comparte Osiris con Ra.[49]

EL TORO APIS

El culto al toro Apis (Hp) está atestiguado en Egipto desde la dinastía I hasta el emperador Honorio, por tanto, estamos hablando de una trayectoria de más de 3000 años de duración. No obstante, no hay que imaginar su culto como algo estático a lo largo de la historia egipcia, sino como un elemento religioso más que evoluciona y se transforma. Durante el III milenio parece ser que el toro Apis era utilizado como un animal procesional que representaba la fertilidad del campo y que también aparecía en algunas festividades asociadas a la monarquía como el festival *Sed* o la coronación del rey. Durante el festival *Sed* el toro acompañaba al rey en una carrera ritual que simbolizaba la vitalidad del monarca.

A partir del Reino Nuevo se convierte en un símbolo de la revivificación de Osiris, ya que en este periodo consideraban que el toro Apis de Menfis simbolizaba al dios Ptah mientras estaba vivo y al fallecer se convertía en Osiris-Apis, aunque ya en época de Estrabón Apis es Osiris. Sin embargo, es durante el I milenio cuando el culto al toro Apis alcanza su máximo esplendor, sobre todo en época ptolemaica y romana. Es en este milenio cuando el toro Apis se convierte definitivamente en una forma menfita del dios Osiris; por ese motivo encontramos representaciones del toro Apis como psicopompo, transportando el cuerpo momificado del difunto en el arte funerario egipcio de esta época (foto 17). La última prueba de culto al toro Apis data del gobierno del emperador Juliano en el 362 d. C.[50]

El toro Apis no fue el único toro venerado en Egipto, también está atestiguado el culto al toro Mnevis (𓄟𓄟𓃒 *mr-wr*) en Heliópolis como encarnación de Ra-Atum y del toro Bukhis (𓃀𓄖𓃒 *bḫ*) en Armant como personificación de Montu, que también se vinculaba con Ra, Osiris, Amón y Min.[51]

En cuanto al toro Apis de Menfis, solo existía uno a la vez en el santuario. Este toro se elegía porque poseía unas características físicas específicas. Se buscaba al nuevo Apis a lo largo de Egipto justo después del enterramiento del toro que había ejercido esta función en el santuario. Los sacerdotes buscaban al recién nacido a lo largo de todo Egipto. Según Heródoto,[52] la vaca había engendrado al toro Apis después de posarse sobre ella una luz que venía del cielo. Además, según el historiador griego el ternero debía tener las siguientes características para ser considerado Apis: «es negro y tiene en la frente una marca triangular de color blanco, en el lomo la figura de un águila, los pelos de la cola de doble tallo y bajo la lengua un escarabajo». Estrabón,[53] aunque no es tan preciso, coincide con Heródoto en ciertas marcas diciendo lo siguiente: «tiene una parte blanca en la frente y otras pequeñas partes en el cuerpo, pero por lo demás es negro».

Una vez encontraban al ternero lo llevaban a la Casa de la Inundación del Nilo junto con su madre, donde residían durante cuarenta días antes de ser llevados a Menfis. La madre del toro se identificaba con la diosa Isis y sabemos que esta al morir era enterrada en Saqqara, al menos entre el siglo VI y el I a. C. en su propia catacumba[54].

El día de luna llena llegaba a Menfis y después de esto se le coronaba en el templo de Ptah. A partir de entonces el toro recibía el honor de ser el toro Apis de Menfis durante el resto de su vida. Dentro del precinto del templo de Ptah en Menfis residía el toro en su santuario. En la zona donde residía había tres elementos arquitectónicos: el Pabellón de las Apariciones al este, que poseía un patio abierto con columnas y era donde los peregrinos y devotos podían ver al toro; el establo donde vivía y era venerado; y el lugar del embalsamamiento al oeste. El culto al toro Apis fue tan importante que cuando Alejandro Magno llegó a Menfis realizó un sacrificio en su honor.[55]

Sobre su culto, Estrabón[56] cuenta que:

> delante del templo hay un patio, en el que hay otro templo de la madre del toro. En este patio sueltan al toro Apis a cierta hora, sobre todo para mostrarlo a los extranjeros. Pues aunque la gente lo puede ver por la ventana del templo, quieren también verlo fuera. Después de dejarle estirarse un rato en este patio, lo vuelven a meter en su particular establo.

Cuando fallecía recibía el ritual de momificación que duraba 70 días y que culminaba con el enterramiento del toro en el Serapeum de Menfis. Durante estos días se hacía luto en Egipto. En ese momento pasaba a denominarse Osiris-Apis (*Wsir-Hp*). La momificación de los toros se llevaba a cabo en la parte sur del templo de Ptah en Menfis y nos han llegado restos arqueológicos de esta estructura, en concreto las camillas de embalsamamiento realizadas en piedra. Este funeral era motivo de peregrinaje a Menfis por parte de los egipcios, de hecho, a partir del siglo IV a. C. en Menfis recibían peregrinos del Mediterráneo oriental para acudir a este santuario. Una vez completado el proceso de momificación salía una procesión funeraria que recorría el paseo de esfinges que unía el templo de Ptah en Menfis hacia el Serapeum, donde era enterrado.[57] El toro Apis se momificaba y por ello se identificaba como Osiris-Apis, por ese motivo en el relieve Louvre E 3887 podemos ver cómo el toro Apis, que está dentro de un santuario asomando solo su cabeza, aparece acompañado de Isis y Neftis, una a cada lado arrodillada, llorando su muerte. De hecho, sabemos que se contrataba a dos mujeres para que representasen a estas dos diosas y sus lamentos durante el funeral del toro,[58] por lo que en este relieve estamos observando la procesión funeraria del toro Apis. En cuanto a las momias nos han llegado algunas de ellas, como es por ejemplo la cabeza momificada de toro Louvre N 2884.

Los restos arqueológicos del Serapeum (𓏏𓏤𓈖𓊖 *Kmt* en egipcio, Σαραπειον en griego) se encuentran en Saqqara, al noroeste de la pirámide de Zoser. Lo que conocemos como el Serapeum, que son las catacumbas, formaba parte del témenos de lo que se conoce como el Dominio de Osiris Apis (*Pr-Wsir-Ḥp*). Desde el reinado de Amasis hasta finales de época ptolemaica los toros eran enterrados dentro de sarcófagos y no en ataúdes, como se había realizado previamente. Parece ser que el Serapeum deja de utilizarse para el enterramiento de los toros Apis a principios de época romana.[59] Cuando Estrabón[60] visita el Serapeum dice que está «en un lugar tan arenoso que el viento levanta dunas de arena, bajo las que vimos esfinges enterradas hasta la cabeza, otras medio enterradas».

Dentro del Serapeum se han encontrado, por un lado, estelas dedicadas para el toro que había fallecido por parte del rey y, por el otro, grafitos y estelas votivas de particulares.[61] Estas estelas votivas se encargaban por parte de particulares y se depositaban en el lugar sagrado como una forma de rendir culto y de vincularse a la divinidad. Un ejemplo de ello es la estela Louvre N 5417, donde Horudja aparece arrodillado delante de un Apis tumbado y detrás del toro se muestra a la diosa Isis, que toca con una mano la parte trasera de Apis. En la estela Louvre IM 3071 un hombre, Udjahor, está de pie delante de una mesa de ofrendas que le da a Apis. En otras estelas se representa al toro, pero no a la persona que ofrece la estela, aunque se muestren los nombres de quien la ofrece.[62]

SERAPIS

El origen de Serapis (Σάραπις) es incierto; aparece por primera vez en época ptolemaica y aúna diferentes divinidades griegas y egipcias.

Plutarco[63] nos cuenta que Ptolomeo I ve en sueños una estatua de Plutón en Sinope, por lo que pide que se transporte la imagen de este dios a Alejandría; pero al llegar a la ciudad egipcia convencen al rey de que se trata en realidad de una estatua del dios Serapis, que es el nombre de Plutón para los egipcios según este autor. Sin embargo, hay algunos autores clásicos que sitúan el origen de Serapis en Alejandro Magno.[64]

Se ha planteado que en realidad el origen de Serapis estuvo en Menfis y que se trataría de una adaptación de la figura de Osiris-Apis que recibía culto en esta ciudad, por lo que su nombre sería una adaptación griega de esta divinidad menfita, que no debe confundirse con el toro Apis.[65] Sin embargo, aunque pudiese ser una adaptación de Osiris-Apis, lo cierto es que las características de la divinidad no son puramente egipcias, ya que tiene muchos elementos de otras religiones del Mediterráneo. El hecho de que pudiese haberse elegido una divinidad menfita no es casual, ya que tras Alejandro y Ptolomeo I los gobernantes Lágidas van a tener una fuerte relación con los sacerdotes menfitas. Por ese motivo la ciudad de Menfis se convirtió en un punto de encuentro entre la religión egipcia y la griega dentro de Egipto en época ptolemaica.[66]

No obstante, aunque Serapis se identifica con Osiris y asume parte de sus características, y podría considerarse una versión helenizada de Osiris, lo cierto es que esta divinidad no llegó a tener una gran repercusión ni en lo funerario ni en los egipcios, por ese motivo los difuntos no se llegaron a identificar con Serapis,[67] si no que continuaron su identificación con Osiris para acceder al más allá.

Serapis se va a convertir en una divinidad protectora de la dinastía ptolemaica, lo cual es un punto característico en común con Osiris, ya que este también era un dios de la realeza. Además, poseía poderes oraculares y curativos, lo cual está también en relación con Osiris, ya que los dos son dioses salvadores.[68] La relación de Serapis y de Isis, como consorte de Serapis, con la monarquía ptolemaica va a ser muy importante, ya que se van a equiparar a los hermanos divinos de Zeus y Hera. Durante sus reinados, Ptolomeo II y Arsinoe y luego Ptolomeo III y Berenice se van a identificar con parejas divinas de hermanos (en concreto Zeus-Hera y Osiris-Isis), por ese motivo en la propaganda real van a querer mostrarse como una pareja de hermanos divina, identificándose con Serapis e Isis. Además, tanto Serapis como Isis van a mostrarse en las monedas con atributos egipcios como la corona *atef* y el tocado hathórico.[69] Además, el hijo de Serapis e Isis va a ser Harpócrates, es decir, Horus niño, por lo que la triada alejandrina va a estar formada por Serapis, Isis y Harpócrates.[70]

Por otro lado, según Diodoro,[71] Osiris era conocido bajo diferentes nombres: Serapis, Dioniso, Plutón, Amón, Zeus y Pan. Diodoro coincide con Plutarco en que Serapis era llamado también Plutón. Serapis aparece por primera vez entre los reinados de Ptolomeo I y Ptolomeo II, se vincula con Osiris, Apis, Hades, Dioniso, Asclepio y posteriormente con Helio y Zeus. En cualquier caso, desde Ptolomeo II se interpreta a Serapis como una versión griega de Osiris.[72] Además, Serapis carece de mito propio como tal.[73] Pese a la aparición de Serapis en Egipto, con un significativo centro de culto en Alejandría, el culto a Osiris continuó siendo importante para la población de la época. Parece ser que para los egipcios Serapis era el Osiris de Menfis, por lo que su culto no gozó de una gran popularidad entre los egipcios.[74]

En cuanto a la representación de Serapis es puramente griega: se muestra con pelo rizado, barba al estilo griego y en su cabeza un cálatos con espigas y viste un chitón (foto 18). No obstante, en las monedas aparece en muchas ocasiones con la corona *atef* que, como ya hemos visto, es un atributo osiriano y egipcio.

El culto a Serapis comenzará su deterioro a partir del gobierno de Ptolomeo IV. Al mismo tiempo, el culto de Isis va a crecer en importancia y se va a expandir por el Mediterráneo. Isis tuvo un importante centro de culto en la isla de Faro, en Alejandría, como diosa protectora de la navegación y de los marineros. Hay que tener en cuenta que Alejandría era un punto de encuentro en esta época, que los griegos y los romanos ya conocían de la existencia de Isis y de otras divinidades egipcias al menos desde Heródoto, y en este contexto no es de extrañar que el culto a Isis comience a expandirse. No obstante, sí que es cierto que, ligado al culto a Isis, el culto a Serapis va a tener alguna repercusión en el Mediterráneo,[75] aunque más bien poca en comparación con su hermana y esposa.

En mi opinión, la creación de Serapis y la expansión de su culto pudieron ayudar en gran medida a la integración entre las personas que se identificaban como griegos y las que lo hacían como egipcios, ya que en cierta medida Serapis es una interpretación griega del dios Osiris. En este sentido pudo servir como un punto de conexión con la religión egipcia para aquellos inmigrantes griegos y para la población alejandrina.[76]

El culto a Serapis gozó de gran popularidad entre la población griega y se desarrolló su culto principalmente en Alejandría y Menfis, además de expandirse por el Mediterráneo junto con el culto isíaco. El templo de Alejandría dedicado a Serapis es conocido como el Serapeum, ubicado en la zona de Rakhotis. Los restos arqueológicos que nos han llegado de este templo datan del reinado de Ptolomeo III y Ptolomeo IV. El templo poseía una ventana en la fachada para que entrasen los rayos del sol e iluminaran la estatua Serapis el día en que se festejaba la fundación del mismo. El complejo contaba con la estructura del templo de culto y también con una biblioteca que dependía de la famosa biblioteca de Alejandría. En este templo de Alejandría se rendía culto tanto a Serapis como a los dioses Isis, Anubis, Astarté y Asclepio. Tenemos constancia de la actividad en el templo desde el siglo III a. C. hasta finales del siglo IV d. C. que se reconvierte el espacio en iglesia. Además, los templos dedicados a Serapis también fueron lugares de curación y de interpretación de sueños, seguramente por su relación con Asclepio.[77] En este sentido, según Estrabón[78] en Canopo se ubicaba un templo dedicado a Serapis «que es honrado con gran devoción y produce tales curaciones que hasta los hombres más ilustres tienen fe y duermen en él ellos mismos, o envían a otros a dormir allí por ellos».

SOKAR-OSIRIS Y PTAH-SOKAR-OSIRIS

A lo largo de la historia egipcia observamos la hibridación de diferentes figuras divinas. Esta hibridación, a veces llamada sincretismo, supone la unión de dos o tres figuras divinas bajo la misma fórmula. De esta forma los dioses unen sus aspectos en una sola figura, muy habitualmente porque durante ciertos periodos de la historia una divinidad comienza a ser más popular y absorbe así a la otra, algo que es posible por el propio funcionamiento de la religión egipcia.[79] Quizá el ejemplo más famoso es el de Amón-Ra, donde el dios universal Ra, natural de Heliópolis, se hibrida con Amón, divinidad tebana.

Sokar ($\overline{\smile}_\circ$ 🛶 *Zkr*) es una divinidad de Menfis que se hibrida con Osiris. Hasta la dinastía VI Sokar no es un dios asociado con los difuntos, pero a partir de entonces pueden ser *imakh* en la presencia de este. Por este motivo es habitual encontrarlo representado bajo la forma de halcón, que es su animal, en el ajuar funerario, por ejemplo, en la base interna de la caja de los ataúdes donde se muestra en pintura[80], como sucede, por ejemplo, en uno de los ataúdes de Shepenun (Museo Arqueológico de Zagreb inv. 667). Sokar no era únicamente un dios de los difuntos y, por tanto, un dios ctónico, sino que también es un dios que ayuda a la revivificación de Osiris.

Según diferentes fuentes, los restos de Osiris son colocados en la cámara de Sokar y la ascensión del dios comienza cuando se le postra sobre la barca de Sokar.[81] Sin embargo, lo más habitual es observar el culto a Sokar en el contexto funerario. Por otro lado, el festival de Sokar se celebraba durante el cuarto mes de la inundación, el mismo mes que el de Khoiak, y, aunque en el Reino Antiguo se ubicaba en Menfis, durante el Reino Nuevo encontramos este ritual atestiguado en el área tebana.[82]

La forma Sokar-Osiris (𓊨𓀭𓊃𓂋 *Wsir-Zkr*) aparece en el Primer Periodo Intermedio y se extiende su uso en el Reino Medio, que es en el momento en que se hace habitual la fórmula Ptah-Sokar-Osiris (𓊪𓏏𓎛𓊃𓊨 o 𓊪𓏏𓎛𓊨 *Ptḥ-Zkr-Wsir*), aunque tendremos que esperar hasta la Baja Época a que se extienda su uso.[83] Debemos tener en cuenta que tanto Ptah como Sokar son divinidades menfitas que se hibridan también bajo la forma Ptah-Sokar.[84] La vinculación de Ptah con lo funerario emerge de su asimilación con Sokar y Tatenen. Además, es muy habitual observar al dios Ptah representado con forma de momia.[85]

Por otro lado, dentro de las prácticas funerarias a partir de la Baja Época destaca la producción de las figuras de Ptah-Sokar-Osiris, las cuales se depositaban en la tumba (foto 19) para ayudar y proteger en el paso al más allá del difunto.[86] Éstas podían contar en su interior con trozos de tela o papiros con textos funerarios. Además, también podían contener granos trigo, arena, barro y lino.

EL AVE BENU

El ave *benu* (𓃩𓏤𓅣 *bnw*) simbolizaba la primera aparición del dios Ra en Heliópolis. Debido a su relación con lo solar, el *benu* encarnaba la capacidad de regeneración del sol cada día.[87] La relación de Osiris con esta ave viene dada por la evolución de la figura del dios (véase el capítulo 3) y la asociación de este con Ra, sobre todo a partir de los *Textos de los ataúdes*. A partir del Reino Medio, al *benu* como

Osiris se le identifica con el planeta Venus y el sol nocturno, es decir, la luna. Osiris como ave *benu* es una forma del sol durante la noche que posibilita el renacimiento al amanecer, por lo que es una muestra del poder de Ra y de Osiris como sol nocturno.[88] La asociación de Osiris con el ave *benu* continuará hasta época ptolemaica, donde encontramos en el templo de Dendera cuatro *benu* que simbolizan el *ba* del dios y, por tanto, la capacidad de regeneración y renacimiento de esta divinidad.[89]

En muchas ocasiones encontramos que se habla del ave fénix en Egipto cuando en realidad se está hablando del ave *benu*. Esto se debe a que Heródoto sitúa el fénix en Egipto y dice lo siguiente:

> También hay otro pájaro cuyo nombre es fénix. Yo no lo he visto más que en pintura, pues resulta que visita a los egipcios en contadas ocasiones; cada quinientos años, según cuentan los de Heliópolis; y aseguran que solo se presenta cuando muere su padre. Ahora bien, si es fiel reflejo de su representación pictórica, su tamaño y contextura son como sigue. Tiene las plumas de sus alas doradas y rojas; por lo demás, se asemeja mucho a un águila por su silueta y tamaño. Y cuentan —aunque, a mi juicio, el relato es inverosímil— que este pájaro lleva a cabo la siguiente proeza: partiendo de Arabia, transporta al santuario de Helios el cuerpo de su padre envuelto en mirra y lo sepulta en dicho santuario. Lo transporta del siguiente modo: primeramente, da forma a un huevo de mirra todo lo grande que puede llevar y luego prueba a volar con él; una vez realizada la prueba, hace, entonces, un agujero en el huevo y mete en él a su padre, emplastando con la mirra extraída el orificio por el que, al hacer el agujero en el huevo, introdujera el cuerpo (con su padre dentro, el peso vuelve a ser el mismo) y, una vez emplastado el agujero, transporta el huevo al santuario de Helios en Egipto. Esto es lo que, según cuentan, hace ese pájaro.[90]

Por tanto, aunque la mitología del ave fénix en la cultura occidental ha seguido otro camino, parece ser que su origen en esencia es egipcio, aunque nada tenga que ver lo que nos dice Heródoto sobre el ave *benu*.

Cuando Heródoto dice que él ha visto el ave fénix en pinturas es cierto, ya que en las tumbas egipcias y en los papiros era muy habitual hallar representado el ave *benu*, ya que este se muestra en pasajes de los *Textos de los ataúdes* y del *Libro de los muertos*, por lo que va a ser principalmente en las tumbas que contienen textos y representaciones del *Libro* en las que observamos este ave. Un ejemplo de ello está en la tumba de Sennedjem (TT1) (foto 20) en la escena en que se ilustra el conjuro 100 del *Libro de los muertos*. En esta imagen de la TT1 el *benu* se muestra portando la corona *atef* y acompañando a Ra en su barca, ya que es el *ba* del dios; pero al mismo tiempo conecta con Osiris por el tocado que lleva. El ave que se representa es mitológica, por lo que no es ningún pájaro que existiese en la realidad del antiguo Egipto.

5

El culto a Osiris

EL FESTIVAL DE KHOIAK Y LAS CAPILLAS OSIRIANAS DE DENDERA

El festival de Khoiak, también conocido como los misterios de Osiris, fue celebrado desde el Reino Medio hasta el siglo IV d. C., ya que en la isla de Filé se hallan unas inscripciones datadas en el 373 d. C. que nos hablan de la celebración de estos rituales para Osiris y llaman al de Khoiak «el festival del embalsamamiento».[1] Durante esta festividad el aspecto de Sokar del dios Osiris está sumamente presente en toda la celebración.[2] Tenemos información sobre el Khoiak a través de diferentes calendarios;[3] sin embargo, no hay un consenso sobre la fecha exacta, aunque sí que conocemos varios eventos importantes que se reproducen en todos ellos, en concreto los días 24, 26 y 30 de Khoiak.[4]

Además, parece ser que existía una explicación mitológica adicional, aparte de su relación con la crecida del Nilo, por la cual el festival del dios sucedía en este momento. Según algunas fuentes de época ramésida, el dios Seth había asesinado a Osiris el día 20 del segundo mes de *akhet* (Tabla 1), por lo que el proceso de embalsamamiento del dios finalizaría el día 30 de khoiak.[5] Por tanto, según estas fuentes el proceso de embalsamamiento del dios Osiris concluiría durante el último día del festival de Khoiak.

Este festival es bien conocido a través del santuario de Osiris en la azotea de Dendera. El texto de Dendera está compuesto por siete manuales que hablan de cómo se hacían y se trataban las figuras de Osiris, así como sus ritos; aunque no encontramos las recitaciones vinculadas a estos ritos, solamente la parte práctica del procedimiento. Los misterios se celebraban en todo Egipto, destacando algunos centros de culto principal del dios como Busiris, Heliópolis, Abidos y Menfis, siendo Abidos el más importante. Aunque el texto de Dendera nos suele servir como guía, lo cierto es que Dendera no fue el centro principal de los misterios, de hecho, Dendera no se cuenta entre los catorce o dieciséis emplazamientos donde creían que estaban los restos de Osiris. No obstante, esto no quiere decir que esta fuente no sea fiable, ya que los sacerdotes del templo hicieron una compilación de los textos rituales. En cualquier caso, el Khoiak se celebraba a lo largo de todo Egipto,[6] por lo que Dendera fue uno de los muchos sitios donde se llevaba a cabo este ritual.

Dentro de los sacerdotes, el sacerdote lector era el más importante, que era literalmente «el que lleva el rollo del festival», por lo que sería el encargado de la lectura durante el desarrollo del rito. En un nivel divino el sacerdote lector era equiparado a Thoth. Después de él estaba el sacerdote *sem*, de carácter funerario, que actuaba como el hijo del destinatario y que se equiparaba con Horus, y se le conoce especialmente por el ritual de Apertura de Boca, y era el encargado de actos rituales como la ofrenda de comida, libaciones... Este papel de Horus era desempeñado por el rey, aunque cuando no estaba presente el papel era desarrollado por el sumo sacerdote del templo en sustitución del monarca.[7]

Además, se sabe que participaban dos mujeres que representaban a Isis y a Neftis; pero estas no llevaban a cabo las recitaciones, sino que eran únicamente una representación física, ya que las recitaciones eran llevadas a cabo por el sacerdote lector. No obstante, esto no quiere decir que las mujeres estuviesen excluidas de la práctica religiosa, ya que hay pruebas de que había mujeres con estatus casi sacerdotal que podían recitar discursos divinos. Durante el desarrollo de esta festividad se representaba o se recitaba el mito osiriano, por lo que a través del ritual se repetía esta muerte y regeneración del dios. Mientras que la mayoría de estas mujeres representativas se encontraban en una sala adyacente, estas otras aparecían en el desarrollo ritual, al igual que los sacerdotes masculinos. Los espacios donde se desarrollaban los misterios osirianos normalmente estaban en las azoteas, con diferentes habitáculos, los mejor conservados están en Dendera.[8]

Según el calendario de Dendera, el 12 de khoiak comenzaban a preparar las *momias de Osiris* (véase el capítulo 5), vendaban a las *momias*, la depositaban en su ataúd ya decorado y realizaban la ceremonia *fkty*. Finalmente, el 21 de khoiak estas figurillas eran guardadas en la tumba. Al mismo tiempo sacaban las figuras del año anterior y las preparaban para el enterramiento en la parte subterránea de la tumba el día 30 de khoiak. Por otro lado, el día 14 se comenzaba a preparar la estatua de Sokar.[9] Tanto estas figurillas como la figura de Sokar cumplían un papel muy relevante durante los rituales, ya que recordaban el mito de Osiris y, en consecuencia, al propio dios.[10]

El día 22 realizaban la procesión por el lago sagrado, donde llevaban las estatuas de Horus, Thot, Anubis, Neftis y de otras treinta divinidades. Al terminar la ceremonia llevaban estas estatuas de los dioses a la tumba.[11]

El día 23 de khoiak, según el calendario de Dendera, preparaban la figura de Sokar y la llevaban a una tumba temporal. El día 24 de khoiak había varias ceremonias funerarias asociadas a Sokar-Osiris, entre ellas la preparación de las efigies del año anterior, que se conservaban hasta el día 30 de khoiak, que era cuando se enterraban en la necrópolis. El día 25 se llevaba a cabo la procesión de la barca de Sokar (llamada barca *henu*) y el funeral de Sokar-Osiris. El día 26 tenía lugar la fiesta de Sokar-Osiris y era el gran momento del festival. En este momento la barca de Sokar, que contiene a este dios momificado, es bañada por el sol de la mañana.[12] El 26 de khoiak del 47 a. C. fue cuando se inauguraron las capillas osirianas de Dendera, coincidiendo con la luna llena.[13]

Durante este festival se llevaban a cabo múltiples procesiones, como por ejemplo la de Wepwawet o la gran procesión de Osiris.[14] Las procesiones celebradas en la azotea de Dendera tenían como objetivo la regeneración de Osiris a través del sol.[15]

Finalmente, el día 30 de khoiak realizaban el levantamiento del pilar *djed* y se producía el enterramiento de Osiris y de las *momias* del año anterior. El enterramiento de Osiris al final de esta festividad simbolizaba la entrada del dios en el más allá. La figura de Osiris se enterraba en una capilla que se llamaba la Duat de arriba, es decir, la tumba superior. No obstante, algunas de estas figuras que se hacían durante el mes de khoiak seguramente se guardarían para el ajuar funerario de las personas. En el festival del año siguiente esta figura se embalsamaba ritualmente y se vendaba para después llevarla en procesión hasta la necrópolis local como rey de la Duat.[16]

El templo de Dendera fue realizado a finales de época ptolemaica, durante el siglo I a. C., pero desconocemos el reinado exacto, ya que los cartuchos del templo están sin rellenar. No obstante, tenemos representaciones de monarcas ptolemaicos, como es el caso de Cleopatra VII y Cesarión. El templo está dedicado a la diosa Hathor y se encuentra en la orilla occidental. En este complejo destacan las capillas osirianas en su azotea.[17]

A la azotea de Dendera se sube por unas escaleras que contienen relieves de una procesión de sacerdotes. Al llegar allí se pueden visitar las seis capillas osirianas y el quiosco hathórico (foto 21). Las capillas son simétricas en su estructura, teniendo tres en el lado este y otras tres en el oeste. En las capillas del este se explica cómo se fabricaban las *momias* durante el ritual de Khoiak y seguramente se realizaban en la segunda sala de esta zona. Además, en la segunda sala, la intermedia, se encontró el famoso zodiaco de Dendera, actualmente en el Museo del Louvre, donde podemos ver las siguientes constelaciones: Aries, Tauro, Géminis, Cáncer, Leo, Virgo, Libra, Escorpio, Sagitario, Capricornio, Acuario, Piscis, la Osa Mayor y Orión. Estas constelaciones no son de origen egipcio, sino que entran a Egipto en época ptolemaica a través de los griegos, que reciben esta influencia de los babilonios, que son los que ya designan en época antigua así a estas constelaciones. Al mismo tiempo que se muestran estas constelaciones de origen no egipcio, aparecen otras que sí son de origen egipcio, como son la Osa Mayor y Orión.[18] Las capillas intermedias son cámaras que nos hablan de la muerte y revivificación de Osiris. Por otro lado, la regeneración del difunto Osiris se produce en esta sala debido a su disposición dentro del vientre de Nut, por lo que parece ser que en esta sala la revivificación del dios es posible gracias a su madre y su renacimiento en las estrellas.

En la tercera sala, la más interna de las del este, se muestra a Osiris momificado, itifálico, acompañado de Isis y Neftis, que están llorando su pérdida. Además, en las escenas de esta última sala del este observamos la procesión de diferentes divinidades. Finalmente se muestra la victoria de Osiris en Abidos y Busiris, y hacen alusión al evento del 22 de khoiak. Otro detalle importante de esta capilla, que comparte con la última capilla ubicada al oeste, es el tragaluz del techo, que deja entrar los rayos del sol que permiten la unión de los rayos del dios Ra con la representación de Osiris momificado visible en estas claraboyas.[19]

En las capillas occidentales se habla de la preparación del cuerpo de Osiris, el embalsamamiento y los rituales que se celebraban a partir del 23 de khoiak. En la cuarta sala, la primera de las occidentales, Ptah le enseña a Osiris los amuletos que van destinados a colocarse entre sus vendas. Al mismo tiempo se muestra cómo el rey, asimilado con Harsiesis, debe recolectar las reliquias de Osiris y llevarlas a Dendera. En esta capilla, en la pared este, vemos como yace un Osiris de Abidos itifálico y una Isis en forma de ave se posa sobre él.[20]

En la quinta sala, la sala intermedia del oeste, se muestran algunos episodios del *Libro de los muertos* y la geografía del más allá, el reino de Osiris. Además, en esta sala se recalca la victoria de Osiris sobre la muerte.[21] Asimismo, en los relieves de estas capillas de Dendera se recrea la victoria de Osiris sobre Seth, que se representa bajo la forma del llamado «toro rojo». En este contexto se muestra, además, la protección de Osiris.[22] En la sexta y última capilla aparece la barca de Sokar y se reproducen letanías a Osiris por parte de todos los nomos. Al mismo tiempo Isis y Neftis protegen al dios momificado.[23]

Durante el 26 de khoiak, la procesión de Sokar salía de las capillas del este, pasaba por el quiosco hathórico y llegaba a las capillas del oeste. En esta procesión se hacían letanías para Osiris y para Sokar, además de ofrecer alimento a los dioses. Esta procesión simbolizaba la victoria de Osiris, que era revivificado gracias a los rayos del sol que recibía durante su traslado por la azotea. Al mismo tiempo que las procesiones simbolizaban la regeneración gracias a lo solar, las capillas osirianas representaban lo lunar.[24]

OSIRIS EN KARNAK

En la zona este del templo de Karnak se hallaron unas capillas osirianas datadas entre la dinastía XXI y el reinado de Ptolomeo IV. Al sur de estas capillas se halló la conocida como tumba de Osiris, del reinado de Ptolomeo IV. Al mismo tiempo, en la zona norte del templo, en el entorno del santuario de Amón-Ra-Montu se hallaron más capillas osirianas datadas entre el Tercer Periodo Intermedio y la dinastía XXVI.[25]

En la zona este se interpretó que había una tumba de Osiris, ya que se halló una catacumba donde se encontraron diferentes nichos realizados en adobe para guardar las *momias* de Osiris en columbarios. Las paredes de estas catacumbas están decoradas con escenas de culto al dios. El enterramiento de estas figurillas estaría en relación con el culto a Osiris y se ha planteado que este espacio estaría abierto a un público más general y durante el festival de Khoiak las personas podrían acudir a depositar estas figuras del dios como una forma de garantizar la regeneración de Osiris.[26]

Por otro lado, en el templo de Opet en Karnak hay una capilla dedicada a Osiris, especialmente bajo la forma de Osiris-Wennefer, y en esta capilla se le dedican himnos y es identificado con la luna, además de hablar de la derrota de Seth. En la cripta del templo se dedica un himno al nacimiento de Osiris.[27]

En cualquier caso, de lo que podemos estar totalmente seguros es que durante el I milenio a. C. el culto a Osiris aumenta considerablemente en el templo de Karnak, lo cual culmina en este tipo de culto osiriano, que observamos actualmente en el templo gracias a la investigación arqueológica.

EL OSIREION DE OXIRRINCO

La tumba de Osiris era un lugar de culto en el antiguo Egipto. En los *Textos de las pirámides*[28] ya existía esta idea, que continúa a lo largo de la historia egipcia. Plutarco[29] nos habla de las tumbas de Osiris en el valle del Nilo, lo cual es interesante, porque durante toda la evolución de la religión egipcia encontramos referencias a la tumba de Osiris y también representaciones de la misma.[30] En el pensamiento egipcio, la tumba de Osiris era un montículo en una isla con árboles. El agua rodeaba el túmulo o la isla, ya fuese de forma literal o simbólica. Este enterramiento recordaba a la colina primordial, al mismo tiempo que el árbol que se encontraba en la parte superior era un símbolo de renacimiento. Osiris es un dios asociado a la vegetación y a la revivificación. Su aparición en esta tumba mitológica lo muestra como dios creador, que se encuentra en la colina primordial rodeado de las aguas del *nun*.[31]

Además, nos han llegado unas estructuras que llamamos Osireion, que eran espacios subterráneos dedicados al culto del dios y considerados la tumba de Osiris.[32] El Osireion más conocido y uno de los más importantes es el de Abidos, sobre el cual se hablará más adelante en este capítulo. En este apartado abordaremos el de Oxirrinco, que es uno de los más significativos.

La ciudad de Oxirrinco cobró una gran importancia a partir de época ptolemaica, pero en lo que respecta al culto osiriano va a ser interesante su desarrollo religioso. En el nomo en que se ubica fue notable el culto a Seth durante el Reino Nuevo, lo cual no nos debe extrañar, ya que el dios Seth fue venerado durante muchos siglos, hasta que durante el Tercer Periodo Intermedio comienzan a considerarlo de forma peyorativa, por lo que a partir de este momento desaparece su culto como divinidad principal del nomo. Al mismo tiempo va a aumentar el culto a Osiris.[33]

Por otro lado, está atestiguado el culto a la diosa Taweret, la cual se identificaba con la diosa griega Atenea. En esta ciudad la esposa mitológica de Osiris no era Isis, sino Taweret, por lo que la triada de Oxirrinco estaba formada por Osiris, Taweret y Dedun. Esta triada se vinculaba con la crecida del Nilo y con los ciclos de la agricultura especialmente. Parece ser que a partir de época saíta Taweret se asimila con el pez oxirrinco. En Oxirrinco se han encontrado numerosas figurillas de este pez realizadas en bronce que se presentaban como exvotos para el culto a la diosa.[34] Este pez es importante en la mitología egipcia porque según algunas fuentes es el pez oxirrinco el que devora el falo de Osiris una vez es descuartizado y sus restos diseminados por todo Egipto. Por ese motivo Isis no puede recuperar el miembro viril de Osiris, porque el pez lo ha ingerido.

El Osireion de Oxirrinco fue descubierto recientemente por una misión hispano-egipcia dirigida entonces, en el año 2000, por Josep Padró y actualmente por Esther Pons y Maite Mascort. La reestructuración de este recinto se llevó a cabo entre los reinados de Alejandro II hasta Ptolomeo II, es decir, a principios de época ptolemaica, aunque también hay inscripciones con el nombre de Ptolomeo VIII y Cleopatra II. Esto se debe a que Oxirrinco aumentó su protagonismo en época ptolemaica debido a que acogió nueva población de origen griego.

En cuanto al templo, estaba rodeado por un muro que definía el témenos, dentro del cual tenemos por un lado una estructura subterránea construida en piedra y excavada en la roca, y otras estructuras como el lago sagrado o el templo con forma de «T». El Osireion como tal sería esta estructura subterránea en piedra y excavada, tipo catacumba. Las paredes de la zona de entrada a la catacumba estaban policromadas en negro, lo cual no es de extrañar, dado que el negro es un color asociado al dios Osiris, como ya hemos comentado. En la cámara de Osiris (sala 1B del yacimiento) se encontró una estatua colosal de Osiris (foto 22) y era el lugar donde se enterraban las figuras que se realizaban durante el festival del Khoiak, ya que el Osireion recibía la procesión del Khoiak y en él se depositaban las figuras de Osiris, que se realizaban durante esta festividad. Tanto en Abidos como en Oxirrinco hay salas con nichos donde se albergaban las figuras de Osiris (foto 23). En este Osireion se han hallado restos de estas *momias* realizadas durante esta festividad (foto 24).[35] Dentro del santuario se han hallado pasillos con nichos datados en época saíta, ptolemaica y romana, por lo que queda atestiguada su utilización desde la Baja Época hasta el gobierno romano. Además, en el Osireion y en algunos de estos nichos se encontraron diversos recipientes tales como platos, copas, ollas pequeñas o jarras que sirvieron para realizar ofrendas durante el Khoiak.[36]

Además, dentro del Osireion se han encontrado otras figuras que servirían de protección mágica para el dios Osiris, como son representaciones de los cuatro hijos de Horus, contenedores con bolas de lino, bolas mágicas, conos con representaciones de la diosa Neit, ladrillos mágicos y amuletos.[37]

Por otro lado, el Osireion conectaría por una vía procesional con la Necrópolis Alta de Oxirrinco y con el puerto que se encontraría pasada esta necrópolis, por lo que se trataría de una vía con un eje este-oeste.[38] Por tanto, Oxirrinco fue otro enclave importante en lo que respecta al culto osiriano y el desarrollo de la festividad de Khoiak, al menos desde época ptolemaica.

LA ISLA DE BIGA

Las fuentes egipcias hablan principalmente de tres grandes tumbas de Osiris: en el Alto Egipto en Biga y en Abidos, en el Bajo Egipto en Busiris.[39] En la isla de Biga se encontraba una de las tumbas de Osiris más tardías. Esta isla se encontraba al lado de la isla donde se situaba el templo de Filé.[40] El templo de Filé estaba dedicado a Isis, consorte de Osiris, y la construcción que visitamos hoy en día data de época ptolemaica, ya que forma parte de un programa constructivo de la dinastía ptolemaica.

La isla de Biga era llamada Senmet (𓏏𓃯𓈖 $snmwt$) por los antiguos egipcios. En la isla de Biga se situaba el Ábaton (Ἄβατον), que en griego que significa «inaccesible», o *Iat-wabet* (𓇌𓉐𓈖 $i3t\text{-}w^{\mathrm{c}}bt$) en las fuentes del templo.[41] El Ábaton era un templo dedicado al enterramiento de Osiris, por ese motivo era llamado $i3t\text{-}w^{\mathrm{c}}bt$, que significa «montículo puro». Esta construcción está atestiguada desde la dinastía XXVI.[42] A partir de época ptolemaica se confunde en muchas ocasiones Senmet y Ábaton debido al creciente interés por esta tumba de Osiris.[43]

En múltiples textos de la isla de Biga observamos cómo se invoca a Isis como «señora de la vida, señora del Ábaton, señora, señora de Filé».[44] Otro texto de la misma isla encontrado en el pronaos del templo se refiere a Osiris en los siguientes términos:[45]

ḏd-mdw in Wsir wnn-nfr-m3ʿ-ḫrw, nṯr ʿ3, nb [i3t]-wʿbt, š3ʿ ʿbw pn, (qm3) n.f twr, ity, nb dw3t
Recitación para Osiris-Wennefer justo de voz, gran dios, señor del Ábaton, quien comenzó la purificación, para quien es creada la purificación, soberano, señor de la Duat

En la isla de Biga se rendía culto a Osiris-Wennefer, aunque también tenemos constancia de culto a Isis, lo cual no es de extrañar, ya que en Filé la triada que presidía el templo era la compuesta por Isis, Osiris y Harpócrates.[46] Wennefer es un epíteto de Osiris[47] que significa «el que existe siendo perfecto»[48].

El Ábaton lo conocemos, no solo por las pruebas arqueológicas y las fuentes egipcias, también por los autores clásicos que hablaron sobre este santuario y tumba de Osiris.[49] Diodoro de Sicilia en el siglo I a. C. nos cuenta que se dice que Isis fue enterrada en Menfis, aunque algunos egipcios creen que Isis y Osiris están enterrados en Filé:

> Y muestran, como pruebas de eso, conservadas en esa isla, la tumba construida para Osiris, honrada en común por los sacerdotes de Egipto, y las trescientas sesenta vasijas de libación situadas a su alrededor; las llenan de leche cada día los sacerdotes dispuestos para eso y se lamentan invocando los nombres de los dioses. Por esta causa esa isla es también inaccesible para los viajeros. Y todos los habitantes de la Tebaida, que es precisamente la más antigua de Egipto, consideran el voto más grande cuando alguien jura por Osiris, el que yace en Filé[50]

Solo algunos sacerdotes de alto rango tenían permitido acceder a la isla para realizar los rituales para el dios, por lo que ni los sacerdotes de menor rango ni personas ajenas al templo podían ir a Biga.[51]

Plutarco también nos habla del Ábaton y de cómo solo algunos sacerdotes podían acceder a la isla en momentos determinados:

> Y dicen que en la isla cercana a Filé, durante el resto del tiempo es para todo el mundo inabordable e inaccesible y que ni los pájaros se posan sobre ella ni los peces se acercan, pero en un momento determinado los sacerdotes cruzan hasta allí para hacer sacrificios fúnebres y coronar la tumba, sombreada por una planta de *methída* que sobrepasa en altura a cualquier olivo.[52]

Seguramente el árbol del que nos habla Plutarco es una acacia, ya que en Edfu se habla de «la acacia que está en la isla pura».[53] Como ya comentamos en la introducción, encima de la tumba de Osiris solía mostrarse un árbol, por lo que Plutarco está describiendo una realidad presente en el pensamiento egipcio.

Dentro de la isla de Filé encontramos referencias al Ábaton, como es por ejemplo en la puerta de Adriano o pórtico de Osiris, que se construyó con el propósito de servir de salida de la procesión de Isis hacia la tumba de Osiris, ya que la isla de Biga se encontraba al oeste de la isla de Filé. Dentro de este pórtico podemos leer el decreto del Ábaton. En este decreto se elogia a los espíritus *ba* de Osiris, se le glorifica y se establecen bases para su culto en la isla de Biga: se garantizan las ofrendas y las libaciones para el dios, también se le darán libaciones de leche al dios, todos los días se deberían realizar los rituales diarios para el dios, quedaría prohibido tocar el arpa, el oboe y el tambor en el santuario de Biga, hacer ruido durante las procesiones de Isis a la isla y tampoco estaba permitido cazar ni pescar allí.[54] De esta puerta de Adriano salía cada diez días y en ciertos festivales la imagen de Isis, que iba a visitar la tumba de Osiris. Una vez allí se realizaban libaciones con leche para el dios. Una vez al año la diosa viajaba a la isla de Biga durante el duodécimo día de epeiph (Tabla 1) con su hijo Harendotes (Horus) y permanecían en el Ábaton.[55]

ABIDOS

Según la mitología egipcia, se consideraba que Osiris había sido asesinado en Abidos (𓇋𓃀𓊖 *3bdw*) y en Busiris (𓊙𓂧𓊖 *Ddw*) y por ello en estos sitios era donde se hallaba su tumba.[56] Esta idea de que en Abidos se hallaba la tumba del dios la vamos a encontrar hasta Plutarco[57]. El topónimo *Ndit* (𓈖𓂧𓏏𓈉 *Ndit*) viene de *ndit r t3*, que quiere decir «tirar a la tierra».[58] Abidos va a ser un centro de culto importante desde el Reino Antiguo hasta época romana. De hecho, en época ptolemaica todavía hay un festival que afectaba a todo Egipto.[59]

La primera asociación entre Osiris y Abidos data del Reino Antiguo, donde ya observamos la relación con Abidos en los *Textos de las pirámides* y en tumbas no reales.[60] Uno de los epítetos que observamos en las fórmulas de ofrenda ya en este periodo es el de «Señor de Abidos», por lo que la vinculación de Osiris con esta zona de Egipto tiene un profundo calado. Al mismo tiempo, es en el Reino Antiguo cuando los monarcas van a tener un especial interés en Abidos, sobre todo los reyes de la dinastía V. Durante el Reino Antiguo Abidos es el punto de encuentro por antonomasia entre los vivos y los muertos.[61] Además, el epíteto Khentiamentiu («el primero de los Occidentales») era en origen una divinidad de Abidos, donde se rendía culto, y que finalmente es absorbida por Osiris y acaba convirtiéndose en un epíteto del dios.[62] Por estos y otros motivos se cree que el origen del culto a Osiris se encuentra en Abidos.[63]

En Abidos se sitúan las tumbas reales de las dinastías I y II en la zona de Umm el Qaab. Una de estas tumbas se consideraba la tumba de Osiris, en concreto se creía que la tumba del rey Djer de la dinastía I era la del dios. Parece ser que durante el Reino Medio se rescató esta tumba, que había caído en el olvido, y se reacondicionó al vincularla con la tumba del dios. Por ello estas tumbas serían un lugar muy importante durante el festival de Khoiak. El templo de Osiris se encontraba al lado de las tumbas de estos monarcas.[64] Durante el Reino Medio encontramos aquí tumbas de la realeza de este periodo, como por ejemplo la tumba de Senusret III.[65] Además, durante el Reino Medio el *wadi* que se encontraba en esta zona formaba una ruta natural para la procesión anual del dios Osiris.[66]

Por otro lado, el templo de Osiris se encuentra al norte del templo de Seti I (foto 26). Este templo posee restos arqueológicos desde el Reino Antiguo hasta época romana. No obstante, es durante el Reino Nuevo cuando se convierte en el principal centro de culto de Osiris en la ciudad. Este templo estaba rodeado por unos canales que recordaban a los egipcios las aguas primordiales de la creación del cosmos.[67] Por tanto, se recrea artificialmente la idea de la isla donde estaba la tumba de Osiris, en oposición a las tumbas de Biga y Busiris, que se encontraban en islas naturales.[68]

A partir del Reino Medio el culto a Osiris en Abidos empieza a hacerse todavía más popular gracias al auge del culto osiriano y el gobierno de la dinastía tebana. Parece ser que después de la reunificación de Egipto la nueva dinastía tuvo intereses políticos en los cultos de Abidos, probablemente como una forma de legitimación política, al vincularse así con los primeros gobernantes de Egipto.[69] En este periodo empiezan las peregrinaciones a esta ciudad y se dejan estelas de culto a Osiris. A partir de la dinastía XII empiezan a llegar a Abidos peregrinos para participar en las celebraciones de Osiris, especialmente el festival de Khoiak. Esta festividad se realizaba en Abidos para el rey difunto y para la revivificación de los seguidores de Osiris. Desde el Reino Medio personas de todos los estratos sociales viajaban para asistir a este evento. En este contexto los reyes de la dinastía XII van a llevar a cabo construcciones en esta zona.[70] Prueba de ello es la estela Berlín 1024, donde Ichernofret es enviado a Abidos por el rey para emprender una serie de misiones en relación con el dios Osiris.[71]

Del templo de Osiris había una vía procesional hacia Umm el Qaab y el cementerio norte que era utilizada durante las fiestas dedicadas al dios, y va a ser en esta área donde se van a depositar las estelas votivas. Las estelas solían disponerse dentro de unas capillas realizadas en adobe y piedra. La persona podía ir expresamente a Abidos a dejar una estela o podía encargarle a alguien que depositase una en su nombre al ir a Abidos. Estas contenían habitualmente lo que conocemos como la *fórmula de Abidos*, formada por una serie de deseos para el más allá, como por ejemplo que la persona cuando fallezca sea recibida por los grandes de Abidos, que pueda relacionarse con Osiris durante las festividades de Abidos, que se convierta en un espíritu transfigurado, que pueda vivir con los dioses y sus ancestros en Abidos, o que reciba suficientes ofrendas para Osiris. Para ellos era muy importante la peregrinación, pero también la participación póstuma en estos rituales que acontecían en Abidos cada año.[72]

Esta peregrinación aparece representada en algunas tumbas tebanas y en Beni Hassan. Por ello se ha planteado que quizá la idea de la peregrinación a Abidos forma parte de un viaje que se realizaría después de fallecer; aunque también hubiese una peregrinación real hacia el sitio esta no fue masiva y por ese motivo forma parte del deseo del difunto el viajar a Abidos para participar allí como espíritu en los festivales de Osiris. Por tanto, es posible que, aparte de ser un viaje que se realizase por algunas personas, también fuese un viaje espiritual.[73]

En la zona de Umm el Qaab y en las zonas de la ruta procesional también se han encontrado depósitos de vasijas utilizadas durante el festival dedicado a Osiris y en ellos se han hallado restos de vegetales, incienso, excrementos de cabra u oveja... Se ha planteado que estos depósitos en el contexto del culto osiriano poseen paralelismos con los depósitos de embalsamamiento que hallamos habitualmente en las tumbas. El depósito de estas vasijas tendría un componente apotropaico, de protección al dios durante el festival y una forma de garantizar la revivificación del mismo, por eso las vasijas contienen materiales orgánicos que pueden estar relacionados con este aspecto religioso.[74]

Por otro lado, se han hallado cementerios de cánidos en esta zona, principalmente en la más cercana al templo de Seti I y la vía procesional. Estos cánidos fueron momificados y ofrecidos como exvotos a la divinidad, por ello se enterraban en tumbas cerca del templo. En el caso de Abidos sabemos que están conectados con el culto a Anubis, Wepwawet y Khentiamentiu, divinidades caninas, que va a ser muy relevante en el área.[75] No es el único lugar de Egipto donde se han descubierto este tipo de enterramientos, también en Saqqara se han encontrado catacumbas con cánidos enterrados como exvotos.[76]

Asimismo, se erigieron allí templos del Reino Nuevo tan relevantes como el de Seti I. El templo de Seti I estaba dedicado al dios Osiris y a algunas divinidades relacionadas con esta divinidad. Durante una fiesta parecida a la Bella Fiesta del Valle de Tebas, probablemente introducida por Seti I, el dios Osiris salía en procesión y visitaba los templos funerarios, entre ellos el de Seti I. Para este rey fue muy importante el culto a Osiris y su identificación con él, prueba de ello son los relieves que encontramos en su templo en Abidos.[77]

Su hijo, Ramsés II, también realizó un templo en Abidos donde la divinidad principal es Osiris, además de terminar el templo de su padre.[78] Dentro del templo de Seti I destaca la *Lista real de Abidos*, la cual contiene el nombre de todos los reyes hasta el reinado de Seti I y ha sido muy relevante en la egiptología, ya que nos ha permitido reconstruir la historia egipcia. Sin embargo, hay otro motivo por el cual es relevante dentro del contexto religioso y osiriano, ya que, al inscribir los nombres de todos los monarcas, que son los antepasados en cierto sentido de Seti I, se está llamando a estos por su nombre y se les está permitiendo participar en los rituales.[79]

A continuación del templo de Seti I hallamos un Osireion, construido por este monarca, que cumple las funciones de falsa tumba para el faraón. Fue excavado por Petrie y Margaret Murray en 1902, se encuentra al oeste del templo de Seti I y data de la dinastía XIX. En él había un corredor con agua que rodeaba la estructura remedando las aguas del *nun*. Los elementos vegetales en la parte superior de la estructura son un símbolo de renacimiento. La estructura elevada recuerda a la colina primordial.[80]

El Osireion estaba dedicado a Osiris y a Seti I, que se identificaba con Osiris, por ese motivo hay una representación de la tumba del dios. Esta estructura imitaba la tumba de Osiris, por ello estaba rodeado también por unos canales que rememoraban las aguas del *nun* y dotándola de este aspecto isleño. Además, la estructura era subterránea, lo cual lo vinculaba con la Duat. En sus paredes se han encontrado *Libros del mundo inferior*,[81] que reforzarían la idea de que podría constituir un modelo de la Duat.[82] Además, en el Osireion de Abidos se ha encontrado la versión más antigua del texto conocido como el *Libro de Nut*.[83]

Se ha propuesto que la tumba de Osiris con el tiempo fue reubicada en el Osireion, ya que Umm el Qaab deja de ser relevante en periodos tardíos, en concreto en época romana.[84]

BUSIRIS

Busiris (𓊹𓂋𓎛𓂧𓏏 *Ddw*), en el Bajo Egipto, era otro punto importante dentro de la geografía egipcia, ya que aquí se consideraba que estaba ubicado otro de los lugares de asesinato (𓈖𓂧𓇋𓏏 *Ndit*) y enterramiento de Osiris. Según algunas fuentes, Isis encontró el cuerpo de Osiris en Busiris y en concreto se habla de que la diosa halló en Abidos su cabeza.[85] Osiris no solo poseía el epíteto de «señor de Abidos», también el de «señor de Busiris» (⸂𓉐𓈖𓊃𓏏𓊪𓊖⸃ *Wsir nb Ḏdw*).

Busiris fue tan relevante que algunos autores consideran que el origen del culto a Osiris estuvo en esta ciudad y no en Abidos. No obstante, hay un mayor número de investigadores que sitúan a Osiris en Abidos y no en Busiris, aunque tuviese su importancia dentro de la segunda; sin embargo, en las fuentes observamos una oposición y convivencia de Busiris y Abidos en lo que se refiere a Osiris. De hecho, en algunas tumbas también se habla del viaje a Busiris.[86]

Por otro lado, Heródoto, en el siglo V a. C., nos habla de un importante santuario en esta ciudad dedicado a Isis. Según él en esta ciudad se celebraba una festividad dedicada a la diosa donde se realizaba un duelo ritual por la pérdida de Osiris.[87] El hecho de que se mencione un templo dedicado a la diosa no debe extrañarnos, ya que, como hemos podido observar, Isis cumple un papel muy importante durante la muerte de Osiris.

EL FESTIVAL DE AÑO NUEVO

Como ya se ha introducido en el capítulo 1, para los egipcios al final de año se añadían los cinco días epagómenos, en uno de los cuales se creía que nacía Osiris. El último día del año sucedía el 30 de mesore y el primer día del año era el 1 de la estación de *akhet* (Tabla 1). Según el calendario este cambio de año debía suceder a mediados o finales de nuestro julio. Después del 30 de mesore venían los cinco días epagómenos.[88]

El nombre *epagómeno* viene del griego, pero en egipcio llamaban a estos días «el nacimiento de los dioses» (𓀭𓋴𓏏𓏥𓊹𓏥 *mswt nṯrw*). Estos nacían, como ya hemos visto, Osiris, Horus, Seth, Isis y Neftis, en este orden. Osiris era el primero en nacer, ya que era el primogénito.[89]

El día del cumpleaños de Osiris se menciona en diferentes textos funerarios, entre ellos el conjuro 130 del *Libro de los muertos,* que se titula «Otro conjuro para hacer un *akh* excelente en el cumpleaños de Osiris y causar que su *ba* viva para siempre». Al final del conjuro se dice que aquel para quien sea recitado vivirá para siempre y no experimentará una segunda muerte[90]. Además, durante el día del nacimiento de Osiris se realizaba una comida por la tarde y hay algunas tumbas de época ramésida que incluyen un banquete. En este momento los difuntos recibían ofrendas de sus familiares vivos.[91] También se encendían antorchas para iluminar a los difuntos, un evento que se repetía en Año Nuevo, también según algunas fuentes.[92] Aunque Osiris va a nacer durante el primer día epagómeno, en el festival de Año Nuevo fue más importante el culto al dios Ra.[93]

Durante los días epagómenos se recitaban una serie de conjuros de protección, en los cuales Sekhmet tenía un papel importante como divinidad protectora frente a los doce dioses asesinos. Estos doce dioses seguramente representan a los meses o a las horas de la noche y el día. Este momento del año era bastante delicado, ya que era el inicio de algo nuevo, de la renovación de los ciclos de la naturaleza y la llegada de la inundación.[94]

Tras los días epagómenos llegaba el 1 de Thot, que era cuando se celebraba el festival de Año Nuevo[95] (véase el capítulo 5). Durante este primer día del año se consideraba que aparecía Sothis y que era el nacimiento de Ra, por lo que esta festividad tenía un marcado carácter solar. Además, en este primer día era cuando consideraban que llegaría la inundación del Nilo. Los egipcios consideraban que este día había un reinicio del orden cósmico, una renovación del mismo, por eso en algunas ocasiones se habla de este día como «el principio de la eternidad» y se renovaba el poder del rey en este momento.[96] Desconocemos la duración exacta del festival de Año Nuevo, ya que en algunas fuentes se habla de un día, tres o incluso diez. En cualquier caso, era una fiesta que se celebraba en todo Egipto.[97]

La celebración del Año Nuevo tenía lugar en los templos de la orilla este, pero también había una ceremonia real en la orilla oeste; aunque esta no precisaba la presencia del rey, y en sustitución de este operaba el visir. Durante el día de Año Nuevo se llevaban a cabo rituales de purificación con agua fresca de la inundación. Esta agua había sido almacenada y se utilizaba en esta ocasión para limpiar el templo y también sobre las estatuas de los difuntos.[98] Además, realizaba un encendido de antorchas, un ritual de Apertura de Boca, se quemaba incienso para purificar y se cambiaba la vestimenta de las estatuas de las tumbas. Al igual que durante los días epagómenos, era muy importante ejercer magia profiláctica.[99]

Durante esta festividad se hacía un regalo muy interesante: las cantimploras de año nuevo (foto 27), un tipo de recipiente que se fabricaba específicamente para esta festividad a partir de la dinastía XVIII, se rellenaban con agua del primer día de la inundación para después regalarlas como una forma de desear buena suerte en el año que comenzaba. En estas cantimploras en ocasiones observamos una inscripción que dice «Buen Año Nuevo para su señor».[100] En la cantimplora MMA 30.8.214, datada en la Baja Época se dice: «Buen Año Nuevo para el "padre del dios" Amenhotep, hijo de Iufaa el Joven». En este caso se ha personalizado la cantimplora y se ha incluido el nombre de la persona para la que iba dirigido el regalo. No obstante, en muchas ocasiones estas cantimploras no contienen inscripciones, como es por ejemplo la MAN 20176[101] o la MMA 15.119.5, ambas de la Baja Época también.

Por tanto, al finalizar el año se llevaba a cabo una regeneración del cosmos en la cual también estaba implicado en cierta medida el dios Osiris, como ya hemos comentado.

FESTIVAL *WAG*

El festival *Wag* ($w3g$) se realizaba durante tres días, el 17, el 18 y el 19 del mes de Thot, durante el primer mes de la estación de la inundación, a lo que le seguía el día 20 de Thot (Tabla 1) el festival de la Borrachera dedicado a la diosa Hathor. Por tanto, a finales de la segunda semana del mes de Thot, que era el primer mes de la inundación, los egipcios festejaban con vino a estos dos dioses. Este festival sucedía después del festival de Año Nuevo.

Antes del Reino Medio este festival estaba asociado con la llegada de la inundación, por lo que, al menos durante el Reino Antiguo, hay una vinculación entre la llegada de la inundación y el festival relacionado con Osiris. Durante esta festividad se ofrecían vendas a los difuntos, por lo que mantenía este carácter osiriano de relación con los muertos. No obstante, parece ser que a partir del Reino Nuevo se omite esta ofrenda de lino a los difuntos.[102]

Por otro lado, son diversas fuentes, sobre todo del Reino Antiguo y del Reino Medio, las que nos hablan de la provisión de ofrendas para los difuntos durante el festival de Año Nuevo y el festival *Wag*.[103]

Durante el festival *Wag* se consumía vino y se festejaba,[104] por lo que las personas se embriagaban de forma ritual. En esta festividad era muy importante la función del vino asociada con Osiris (véase el capítulo 4). Ya en los *Textos de las pirámides* en el conjuro 442 se vincula a Osiris con el vino durante esta festividad: «Mira, él ha venido como Orión, mira, Osiris ha venido como Orión, señor del vino en el festival *Wag*».[105] En el papiro Leiden T 32, que contiene un *Libro de la travesía por la eternidad* perteneciente a Harsiesis y datado a finales del siglo I a. C., se dice que «panes serán presentados a ti en la presencia de Hathor en el día del festival *Wag* del dominio del dios». Además, posteriormente, en época romana durante este festival se ofrecía pan y cerveza a Hathor.[106]

En cualquier caso, durante esta fiesta se consumía en honor a Osiris y las personas de nuevo entraban en contacto con sus seres queridos difuntos a través de la provisión de ofrendas y, probablemente también, por medio de la embriaguez ritual.

Conclusiones

El dios Osiris fue una divinidad polifacética del antiguo Egipto. No obstante, su aspecto más destacado es el de dios de la momificación. El mito de Osiris estableció un modelo mitológico para el acceso al más allá y gracias a él los difuntos podían recorrer el camino que un día anduvo el dios y de esta forma vivir para toda la eternidad. Por ese motivo la identificación de los muertos con Osiris mediante el ritual fue tan relevante, porque al imitarle, adquirían parte de su identidad al acceder a la otra vida. Esta magia presente en el ritual y en la identificación permitía a los difuntos revivir en la otra vida. Pero el mito de Osiris constituía también un modelo para la realeza, ya que el rey era Horus y su padre era Osiris, por lo que no solo establecía un modelo para los muertos, también para los vivos y para la monarquía. Este mito sin duda alguna impactó de forma considerable en el día a día del antiguo Egipto hasta época tardía, por ello cuando llega Plutarco puede dedicar una obra entera a la cuestión de Isis y Osiris.

Sin embargo, aunque Osiris fue conocido por ser el dios al que se le realiza la momificación por primera vez en la historia de Egipto, lo cierto es que su papel dentro de la cosmovisión egipcia va mucho más allá. Osiris es un dios que se asocia con los ciclos de la naturaleza y el Nilo, con esta capacidad de regeneración. Al mismo tiempo, gracias a su presentación como diferentes astros, es un dios que viene y va, pero que siempre vuelve, ya sea a través de los ciclos lunares, de Venus o de su aparición y desaparición como Orión. Pero su aparición en la naturaleza podía expresarse asimismo a través de los animales, ya que el dios también podía manifestarse terrenalmente en el toro Apis de Menfis. Este toro era un espíritu *ba* de Osiris y su culto fue muy relevante a lo largo de toda la historia egipcia.

Al mismo tiempo, Osiris tuvo una fuerte relación con el dios Ra. A medida que el dios solar va perdiendo protagonismo a lo largo de la historia egipcia, Osiris la va ganando. Por ese motivo, en época ptolemaica y romana, aunque continúa el culto a Ra, lo osiriano posee un mayor protagonismo dentro de la sociedad egipcia y por ese motivo también Serapis integra parte de la identidad de Osiris. Como hemos podido apreciar a lo largo de esta obra, Osiris no tuvo ningún problema en ir asimilando aspectos de diferentes divinidades a lo largo de su historia, ya fuese Wennefer, Khentiamentiu o Sokar.

El culto al dios se desarrollaba en diferentes momentos del año y en distintos lugares de Egipto. Por un lado, tenemos los espacios que eran un lugar de enterramiento del dios y en los que se consideraba que el dios o parte de él había sido enterrado. Aunque pueda parecernos contradictorio que creyesen que podían existir diferentes lugares de enterramiento y partes del cuerpo del dios dispersas por la geografía egipcia, esto no debe extrañarnos, ya que en el pensamiento egipcio esto era posible pese a que nosotros desde nuestra perspectiva podamos ver una falta de coherencia y lógica.

Por otro lado, en Abidos se encontraba uno de los centros de culto más antiguos del dios, prueba de ello es la absorción del dios local Khentiamentiu por Osiris, quedando relegado a un epíteto del dios.

En cuanto a las fechas en que se le rendía culto quizá las más importantes eran aquellas que tenían lugar al principio o al final de la estación de la inundación. El año nuevo llegaba después del nacimiento de los cinco dioses y el primero en nacer en estos días epagómenos era el propio Osiris. Por otro lado, al principio de la crecida tenía lugar el festival *Wag*, también asociado con el dios. Al final de la estación de *akhet* se producía el festival más importante del dios, el festival de Khoiak, en el que revivía el dios y donde también se evocaba la capacidad de regeneración de la naturaleza de cara a la siembra y posterior cosecha. En estos festivales y en los santuarios dedicados a él también poseía un fuerte protagonismo el mito de Osiris, por lo que la muerte y revivificación del dios estaba presente no solo en el ritual funerario.

Osiris fue uno de los dioses más importantes dentro de la religión egipcia por su capacidad de satisfacer diferentes necesidades. En primer lugar, establecía un modelo de familia y daba respuesta a cómo afrontar la muerte de un familiar. En segundo lugar, la momificación ayudaba a las personas a identificarse con el dios, a convertirse en un Osiris y pasar a vivir en el más allá, por lo que facilitaba una vida eterna. En tercer lugar, ejemplificaba la regeneración de la vida y los ciclos de la naturaleza, ya fuese a través de los astros o de la tierra.

Por todo ello incluso hoy en día Osiris sigue fascinándonos cuando nos acercamos a la cultura y religión del antiguo Egipto.

Notas

1
El mito de Osiris

[1] Bingen, 2007, 18-28; Santamaría, 2008, 1342-1370; Bernabé, 2008, 25; Jiménez San Cristóbal, 2008, 91-93.

[2] Griffiths, 1960, 111-112.

[3] Jiménez San Cristóbal, 2008, 93-94 y 103; Jiménez San Cristóbal, 2011, 77-78 y 83; Bernabé, 2008, 233-236.

[4] Pl. *Is. et Os.* 355D-E.

[5] Faulkner, 1969, 247.

[6] Horus el Viejo ($ḥr\ bḥdt$) no es el mismo que Horus el hijo de Isis y Osiris, según Mercer se trata de un rey y dios del tercer nomo del oeste del Delta (Mercer, 1942, 68 y 120). Aparece como uno de los dioses que nacen en los días epagómenos en algunos textos tardíos.

[7] Pl. *Is. et Os.* 355D-E; Parker, 1950, 49-50; Kemboly, 2010, 231-234.

[8] Parker, 1950, 49-50. No obstante, hay que tener en cuenta que debido a que el año dura 365,25 días en el calendario egipcio existía un desfase de un día cada cuatro años, por lo que no siempre sucedería este evento en el momento del inicio de la crecida, que era en julio.

[9] Pl. *Is. et Os.* 355D-356A; Wells, 1994, 26-27; Spalinger, 1995a, 33 y 43.

[10] Spalinger, 1995a, 37.

[11] Spalinger, 1995b, 20.

[12] Parker, 1950; Spalinger, 1995a, 33; Spalinger, 1995b, 20; Depuydt, 1997, 54; Lull, 2006, 68.

[13] Pl. *Is. et Os.* 356A.

[14] Faulkner, 1969, 69. Un ejemplo de ello lo encontramos en el conjuro 260, donde Horus reclama sus derechos como sucesor al trono.

[15] Pl. *Is. et Os.* 356A-C.

[16] Kemboly, 2010, 219-223.

[17] Pl. *Is. et Os.* 356A-C.

[18] Pl. *Is. et Os.* 356C; Guilhou, 2021, 44.

[19] Kemboly, 2010, 224-225.

[20] Pl. *Is. et Os.* 356C-E.

[21] Griffiths, 1960, 47; Faulkner,1969, 144 y 164; Colonna, 2018, 226-227. En los *Textos de las pirámides* 812-814 se habla de la rivalidad entre Osiris y su hermano, por lo que piden al primero que se alce para enfrentarse al segundo: «¡Levántate por Horus! ¡Elévate contra Seth! ¡Levántate como Osiris, como un espíritu, el hijo de Geb, su primogénito!». En 959-970 se vuelve a hacer alusión a esta rivalidad entre los dos hermanos.

[22] Colonna, 2018, 227: «Nedyt means, first of all, "the place of striking down"».

[23] Griffiths, 1960, 5.

[24] TP 24, 615 y 766-767; Piedra de Shabaka 11 y 62; Griffiths, 1960, 6; Griffiths, 1996, 115; Muhlestein, 2005, 177; Colonna, 2018, 227.

[25] Véase Muhlestein, 2005; Muhlestein, 2011, 42-43.

[26] Griffiths, 1960, 7.

[27] Muhlestein, 2005, 179.

[28] Pl. *Is. et Os.* 357A-E.

[29] Colonna, 2018, 231-232.

[30] Colonna, 2018, 231.

[31] Colonna, 2018, 233.

[32] Colonna, 2018, 235-236 y 238.

[33] Pl. *Is. et Os.* 357F-358A.

[34] Faulkner, 1969, 234 y 271; Pordomingo Pardo y Fernández Delgado, 1995, 92.

[35] Goyon, 1988, 39.

[36] Molinero Polo, 1998, 247-249.

[37] Pl. *Is. et Os.* 358A-B; Orriols, 2020, 256.

[38] TP 1280-1290.

[39] Pl. *Is. et Os.* 358D-E; Orriols, 2020, 256.

[40] Orriols, 2020, 242.

[41] Orriols, 2020, 244. «Entre los múltiples verbos ascensionales que aparecen en los *Textos de las pirámides*, se escoge precisamente este con una doble significación en este *corpus*. Por un lado, una genérica con el sentido de "ascender al cielo" desde la tierra y, por otro, otra más específica con el sentido de "salir del lugar del entierro" en tanto que final de un proceso de transformación ontológica en el que el rey ha sido recompuesto. Recordemos que Osiris/el rey, antes del acto sexual, está muerto por lo que la ascensión *(pri)* de su semen podría ayudar a su (re)nacimiento».

[42] Orriols, 2020, 246 y ss.

[43] Orriols, 2020, 251-254.

[44] Mercer, 1942, 105.

[45] Pl. *Is. et Os.* 358B-C.

[46] Pl. *Is. et Os.* 358B-D.

[47] Griffiths, 1960, 1 y 12-22; Bradshaw, 1997, 98.

[48] TP 1463; Mercer, 1942, 74; Griffiths, 1960, 2-3; Bradshaw, 1997, 98.

[49] Griffiths, 1960, 28-41.

[50] Griffiths, 1960, 41-46.

[51] Oden, 1979, 356.

[52] Oden, 1979; Parkinson, 1995, 70-71.

[53] Oden, 1979, 356-358; Parkinson, 1995, 65-67 y 70-71; Parra, 2001, 148; Manniche, 2002, 22-27; Kemboly, 2010, 225-229.

[54] Parra, 2001, 148.

[55] Pl. *Is. et Os.* 358B-D; Griffiths, 1960, 103 y ss.; Oden, 1979, 354.

[56] LM 71; Mercer, 1942, 75-76; Griffiths, 1960, 8-12 y 81. Thot también sufre un ataque, pierde la mano o el brazo, pero consigue sanarse a sí mismo y recuperar la extremidad.

[57] BM EA 498; Werning, Rossetti, Colloff y Rossetti, 2023.

[58] Te Velde, 1980, 27; Kemboly, 2010, 244.

[59] Pl. *Is. et Os.* 356E-F.

[60] Santini, 2021, 155.

[61] Louvre N 4096; Pelizaeus-Museum inv. 1585; Ikram, 2003, 57.

[62] Ikram, 2003, 36; Ikram, 2007, 419.

2
La momificación como una repetición del mito del Osiris

[1] Ikram, 2003, 27-28; Harrington, 2013, 14 y 68; Loynes, 2015, 4; West, 2019, 2.

[2] Pinch, 1994, 147; Ikram, 2003, 28-29; Assmann, 2005, 97; Smith, 2009, 4; Harrington, 2013, 3-7; Müller, 2014, 86; Lucarelli, 2017, 136; Graves-Brown, 2018, 94; West, 2019, 2.

[3] Véase Allen, 2015, 327-360 y Escolano-Poveda, 2017.

[4] Lucarelli, 2017, 136.

[5] Pinch, 1994, 34, 45 y 147; Schumann-Antelme y Rossini, 1998, 4 y 61-63; Ikram, 2003, 26; Assmann, 2005, 13 y 112; Smith, 2009, 4-6; Harrington, 2013, 11; Lucarelli, 2017, 136; Graves-Brown, 2018, 69 y 94; West, 2019, 2.

[6] West, 2019, 2.

[7] Pinch, 1994, 110; Montserrat, 1996, 177; Ikram, 2003, 24-26; Assmann, 2005, 112; Müller, 2014, 88; West, 2019, 2.

[8] Pinch, 1994, 52; Montserrat, 1996, 177; Carrier, 2009, 127; Müller, 2014, 88.

[9] Allen, 1974, 37.

[10] Topmann, 2023.

[11] Véase Hornung, 1999.

[012] El henoteísmo podríamos decir que constituye un punto intermedio entre el monoteísmo y el politeísmo. En esta forma religiosa se prioriza a un dios por encima de los demás, sin que deje de existir por ello el culto a otras divinidades (véase Hornung, 1999, 217-218).

[13] Cannata, 2020, 309.

[14] D. S. I, 93, 1; Harrington, 2013, 29; Lippert, 2013, 4; Müller, 2014, 88 y 93.

[15] Cannata, 2020, 310.

[16] Ikram, 2003, 191; Harrington, 2013, 29; Müller, 2014, 88 y 93; Cannata, 2020, 220-222.

[17] Hdt. II, 86; Ikram, 2003, 57; Cannata, 2020, 229-243; Schiødt, 2020, 138; Izquierdo Perales, 2023, 141.

[18] D. S. I, 91; Marshall y Lichthenberg, 2013, 48; Cannata, 2020, 229-243; Schiødt, 2020, 138.

[19] Ikram, 2003, 57; Smith, 2009, 36-38; Riggs, 2014, 96.

[20] Hdt. II, 86.

[21] Cannata, 2020, 232-237.

[22] Cannata, 2020, 307-308.

[23] Cannata, 2020, 308.

[24] Ikram y Dodson, 1998, 106; Ikram, 2003, 55; Smith, 2009, 32; Marshall y Lichtenberg, 2013, 41-42; Riggs, 2014, 101; Loynes, 2015, 4; Cannata, 2020, 234; Izquierdo Perales, 2023, 150.

[25] Lucas, 1914, 241-245; Ikram y Dodson, 1998, 116-117; Serpico y White, 2000b, 249 y ss.; Loynes, 2015, 2.

[26] Rageot, Hussein, Beck et al., 2023, 288-291.

[27] Rageot et al. 2003.

[28] P. Rhind I, 8; P. Rhind II, 4; Ikram y Dodson, 1998, 117 y 131; Serpico y White, 2000a, 409-411; Ikram, 2003, 72; Counsell, 2016, 222 y 229-230; Cannata, 2020, 232-233; Schiødt, 2020, 134 y ss.; Rageot, Hussein, Beck et al., 2023, 291-292.

[29] Cannata, 2020, 230 y 288; Izquierdo Perales, 2023, 154.

[30] Cannata, 2020, 92; Izquierdo Perales, 2023, 154.

[31] Assman, 2005, 305; Smith, 2009, 30; Cannata, 2020, 209-217.

[32] Smith, 2009, 30; Cannata, 2020, 224-229.

[33] Smith, 2009, 41; Marshall y Lichtenberg, 2013, 63.

[34] Hdt. II, 86.

[35] Loynes, 2015, 33 y ss.

[36] Ikram y Dodson, 1998, 118.

[37] Ikram y Dodson, 1998, 118, Loynes, 2015, 225-238; Izquierdo Perales, 2023, 149.

[38] Loynes, 2015, 33 y ss.

[39] D. S. I, 91; Brier y Wade, 2001, 119; Assmann, 2005, 282; Marshall y Lichtenberg, 2013, 75; West, 2019, 2-3; Schiødt, 2020, 141-142; Izquierdo Perales, 2023, 146.

[40] Smith, 2017, 43.

[41] En las transcripciones de los nombres de los hijos de Horus se ha optado por la grafía más antigua, la del Reino Antiguo, ya que en épocas posteriores se omiten algunos signos, pero en época más antigua se mantienen seguramente por su valor fonético. Para ello se ha consultado el TLA.

[42] Backes, 2023. También podría traducirse como «Osiris, El primero de los occidentales».

[43] Ikram, 2003, 71; Smith, 2009, 31; Marshall y Lichtenberg, 2013, 66-73 y 80-97; Loynes, 2015, 4; Izquierdo Perales, 2023, 147.

[44] Hdt. II, 86; Goyon, 1972, 32; Counsell, 2016, 221; Izquierdo Perales, 2023, 148.

[45] Assmann, 2005, 280 y ss.; Smith, 2009, 37; Cannata, 2020, 242 y 508; Schiødt, 2020, 150; Izquierdo Perales, 2023, 161.

[46] Allen, 2015, 119-122; Feder, Dils, Loeschner, Schweitzer y Popko, 2023.

[47] Algunos autores traducen *mstpt* como féretro, sin embargo, no es tanto un féretro como una especie de santuario portátil donde se disponía el ataúd y este era llevado dentro del santuario hasta la tumba.

[48] Assmann, 2005, 308-312; Sweeney, 27-28 y 30-31; Volokhine, 183-184 y 192-196; Das Candeias Sales, 2015-2016, 62-65; Vivas Sainz, 2017, 1095-1096; Vivas Sainz, 2021, 272; Izquierdo Perales, 2024.

[49] Reeder, 1995, 73 y ss.; Ikram, 2003, 184; Bueno Guardia, 2021, 168-174.

[50] Véase West, 2019.

[51] Smith, 2017, 55 y 240-241; Rossell, 2020, 395.

[52] Smith, 2017, 69.

[53] Goyon, 1972, 85-93, 102, 110 y ss.; Schumann-Antelme y Rossini, 1998, 16-24; Smith, 2009, 40; Riggs, 2014, 101, 103 y ss.; Loynes, 2015, 1; Cannata, 2020, 250-251; Izquierdo Perales, 2023, 162.

[54] Töpfer, Hoedt, Diepold y Schweitzer, 2023.

[55] Goyon, 1972, 85-93, 102, 110 y ss.; Schumann-Antelme y Rossini, 1998, 16-24; Smith, 2009, 40; Riggs, 2014, 101, 103 y ss.; Loynes, 2015, 1; Vuilleumier, 2015, 159 y ss.; Cannata, 2020, 250-251; Izquierdo Perales, 2023, 162.

[56] P. Princeton Pharaonic Roll 10; Vuilleumier, 2015, 267-270; Izquierdo Perales, 2023, 162.

[57] Smith, 2017, 262.

[58] Ikram, 2003, 132 y 186-187; Smith, 2009, 40; Harrington, 2013, 108 y 113 y ss.; Müller, 2014, 86-87; Cannata, 2020, 251-254.

[59] Pinch, 1994, 163; Schumann-Antelme y Rossini, 1998, 2-5; Ikram, 2003, 24-26; Testa, 2011, 21.

[60] NP significa Nombre Propio, es la forma que tenemos para indicar que ahí iría el nombre propio del difunto o la difunta en cuestión. En algunas ocasiones observamos *Osiris NP* y en otras *Osiris de NP*. Por una cuestión de la propia evolución de la lengua egipcia, se tiende al genitivo indirecto. Debido a que existe una relación genitiva en ambos casos, ya sea directa o indirecta, siempre hablamos de *Osiris de NP*.

[61] P. Rhind I, 6; Smith, 2009, 322-324; Smith, 2017, 266, 270 y 342-344; Izquierdo Perales, 2023, 174 y 205-206.

[62] Izquierdo Perales, 2023, 181.

[63] Izquierdo Perales, 2023, 178 y ss.

[64] Riggs, 2005, 34, 45-48 y 94; Cooney, 2010, 22 y ss.; Smith, 2017, 385-389; Izquierdo Perales, 2023, 181-182.

[65] Cooney, 2010, 224-225; Izquierdo Perales, 2023, 179.

[66] Assmann, 2005, 223-224; Cooney, 2010, 224-225, Izquierdo Perales, 2019, 179.

[67] Cooney, 2010, 224-230; Izquierdo Perales, 2023, 180.

3
Osiris a través de los siglos

[1] Rundel Clark, 1959, 136; Griffiths, 1980, 130; Borrego Gallardo, 2012, 146; Botelho Rodrigues, 2017, 252.

[2] Smith, 2017, 108.

[3] Borrego Gallardo, 2012, 146-148.

[4] Borrego Gallardo, 2012, 147.

[5] Borrego Gallardo, 2012, 154.

[6] Borrego Gallardo, 2012, 154.

[7] TA 313, IV 87 b-e; de Buck, 1951, IV 87; Faulkner, 1972, 92.

[8] Botelho Rodrigues, 2017, 252-253.

[9] Smith, 2017, 108.

[10] Botelho Rodrigues, 2017, 253.

[11] David, 1981, 123-124; Botelho Rodrigues, 2017, 253.

[12] Botelho Rodrigues, 2017, 253.

[13] Spalinger, 2008, 242-244.

[14] Riefstahl, 1944, 2; Vogelsang-Eastwood, 1992, 36.

[15] Spalinger, 2008, 242-244.

[16] Robins, 2008, 14.

[17] Falk, 2018, 29 y 36.

[18] Falk, 2018, 29.

[19] Yoyotte, 1977, 146.

[20] Pl. *Is. et Os.* 354-355; Hornung, 1999, 66; Allen, 2013, 9-10.

[21] Pl. *Is. et Os.* 372E.

[22] Allen, 2013, 9-10. Allen relaciona el nombre de *Wsir* con el verbo *iri* en su sentido de «crear».

[23] Smith, 2017, 127.

[24] Smith, 2017, 161-165.

[25] Smith, 2017, 41.

[26] Molinero Polo, 1998, 283.

[27] Smith, 2017, 84-90.

[28] Smith, 2017, 95-96.

[29] Smith, 2017, 133-135 y 161; Roeten, 2018, 93.

[30] Griffiths, 1982, 625-625; Smith, 2017, 114-117 y 124; Roeten, 2018, 97.

[31] Breasted, 1912, 150-160; Barta, 1984, 169-171; Assmann, 1995, 62 y ss.; Molinero Polo, 1998, 277 y 325; Assmann, 2001, 79 y ss.; Wilkinson, 2003, 98-100 y 205-209.

[32] Assmann, 2001, 78 y ss.

[33] TP 140-149; Faulkner, 1969, 42-43.

[34] TP 272-275; Faulkner, 1969, 62-63.

[35] Bradshaw, 1997, 66.

[36] TP 981-989; Faulkner, 1969 167-168.

[37] Faulkner, 1969, 48.

[38] Molinero Polo, 1998, 188 y 192.

[39] Molinero Polo, 1998, 287.

[40] Smith, 2017, 135; 136; Roeten, 2018, 91 y ss.

[41] Smith, 2017, 166-171.

[42] Smith, 2017, 191-192.

[43] Smith, 2017, 195-197.

[44] Smith, 2017, 196-199.

[45] Véase Falkner, 1973.

[46] TA 227; Faulkner, 1973, 179-180; Smith, 2017, 196.

[47] Smith, 2017, 167 y ss. y 222-224; Cannata, 2020, 242-244; Izquierdo Perales, 2023, 174.

[48] Smith, 2017, 224.

[49] Smith, 2017, 274-275.

[50] Smith, 2017, 275-276.

[51] Smith, 2017, 276.

[52] Smith, 2017, 277.

[53] Santini, 2021, 153-155.

[54] Smith, 2017, 277.

[55] Smith, 2017, 278-279; Santini, 2021, 155.

[56] Smith, 2017, 281-282; Santini, 2021, 155.

[57] Santini, 2021, 157.

[58] Assmann, 1999, 146.

[59] Bonanno, 2021, 22.

[60] Bonanno, 2021, 22.

[61] Roberson, 2015, 322.

[62] Roberson, 2015, 322-324.

[63] Véase Darnell, 2004.

[64] Darnell, 2004, 12-13; Roberson, 2015, 327-328; Bonanno, 2021, 21.

[65] Taylor, 2010, 34-35.

[66] Quirke, 2013, VIII.

[67] Quirke, 2013, XIV-XV.

[68] Quirke, 2013, 3-12.

[69] Quirke, 2013, X.

[70] Darnell, 2004, 1 y ss.; Coulon, 2010, 396.

[71] Smith, 2017, 406-407.

[72] Smith, 2017, 555-556.

[73] Izquierdo Perales, 2023, 92.

[74] Reymond, 1977, 5-14; Izquierdo Perales, 2023, 243.

[75] Kamil, 2002, 6-7.

[76] Véase Smith, 2009 e Izquierdo Perales, 2024.

[77] Kamil, 2002, 60.

[78] Kamil, 2002, 60-61; Choat, 2012, 474-475.

[79] Kamil, 2002, 61-62; Choat, 2012, 476.

[80] Choat, 2012, 475.

[81] Frankfurter, 1998, 272; Kamil, 2002, 14.

[82] Kamil, 2002, 19.

[83] Kamil, 2002, 139-140.

[84] Kamil, 2002, 136-139.

[85] Kamil, 2002, 67-69; Haggag, 2021a, 199.

[86] Haggag, 2021a, 190-191.

[87] Kamil, 2002, 76-77; Haggag, 2021b, 210-212.

[88] Kamil, 2002, 77-82.

[89] Kamil, 2002, 28 y 167.

[90] Kamil, 2002, 135-136 y 141-142; Haggag, 2021a, 194.

[91] Kamil, 2002, 135-136.

[92] Kamil, 2002, 135 y 166.

[93] Frankfurter, 1998, 265-266y 278; Haggag, 2021a, 191.

[94] Frankfurter, 1998, 270-271; Haggag, 2021a, 192-193.

[95] Dijkstra, 2008, 175-192; Cruz-Uribe, 2016, 36-37. En la isla de Filé hay un total de 450 inscripciones en demótico y la última data del 452, posterior a la última en jeroglífico. Por tanto, continúa la escritura en demótico pese a que el jeroglífico decae.

[96] Dijkstra, 2008, 177-178 y 198-201; Kocklemann, 2012, 8; Haggag, 2021a, 191-192.

4
Aspectos del dios

[1] Smith, 2017, 104-105 y 256.

[2] Smith, 2017, 255.

[3] Smith, 2017, 75.

[4] Smith, 2017, 64.

[5] Smith, 2017, 257.

[6] Morenz, 1973, 128-129; Assmann, 2005, 73-74.

[7] También se puede encontrar traducido como *justificado*, pero literalmente dice *justo de voz*.

[8] Smith, 2017, 258-261.

[9] Assmann, 2005, 76-77.

[10] Quirke, 2013, 69-74.

[11] Morenz, 1973, 130-131; Assmann, 2005, 78-79; Quirke, 2013, 269-276.

[12] Assmann, 2005, 78.

[13] Morenz, 1973, 131-133.

[14] Assmann, 2005, 75-76.

[15] Morenz, 1973, 127.

[16] Kucharek, 2017, 118.

[17] Griffiths, 1980, 158 y ss.

[18] Delia, 1992, 184.

[19] Delia, 1992, 182-184 y 187; Dijkstra, 2008, 204-206; Mascort, 2018b, 105.

[20] Frankfort, 1948, 185-190.

[21] Pl. *Is. et Os.* 366A; Frankfort, 1948, 192.

[22] Frankfort, 1948, 190; Faulkner, 1969, 115.

[23] Pausanias, X 32, 18; Frankfort, 1948, 192.

[24] Botelho Rodrigues, 2017, 252; Incordino, 2021, 72-73.

[25] Frankfort, 1948, 188-190; Raven, 1982, 7-8 y 12-15; Ikram, 2003, 136; Elwakeel, 2012, 10-11 y 13; Kucharek, 2017, 120-121.

[26] TA 269, IV 6-7; Raven, 1982, 10-12; Ikram, 2003, 136.

[27] TA 269, IV 6; Faulkner, 1973, 205.

[28] Raven, 1982, 11; Elwakeel, 2012, 11-13.

[29] Raven, 1982, 13-16; Elwakeel, 2012, 10.

[30] Elwakeel, 2012, 11.

[31] Raven, 1982, 7-8, 16 y 30-32; Ikram, 2003, 136; Elwakeel, 2012, 10-11; Botelho Rodrigues, 2017, 253; Priskin, 2021, 147.

[32] Chassinat, 1966, 24 y 50-51; Raven, 1982, 31-32.

[33] Poo, 1995, 155-156.

[34] Poo, 1995, 150-151.

[35] Wells, 1994, 4-5; Lull, 2006, 192-194.

[36] Plu. *Is. et Os.* 359C-E y 367A-368E.

[37] Frankfort, 1948, 195-197.

[38] Frankfort, 1948, 196; Spalinger, 1995b, 28; Guilhou, 2021, 41.

[39] Pl. *Is. et Os.* 355F.

[40] Parker, 1950, 33.

[41] Von Bomhard, 2012, 90-95; Guilhou, 2021, 41-42.

[42] Lull, 2006, 222 y 225.

[43] Guilhou, 2021, 45.

[44] Pl. *Is. et Os.* 368ª-E; Faulkner, 1969, 234 y 271; Pordomingo Pardo y Fernández Delgado, 1995, 92.

[45] Cauville, 1990, 83; Cauville, 1997, 204 y 213.

[46] Pl. *Is. et Os.* 368B.

[47] Pl. *Is. et Os.* 368D.

[48] Véase Lull, 2006, 182.

[49] Faulkner, 1966, 159-161; Lull, 2006, 181-184; Guilhou, 2021, 44.

[50] Str. XVII, 31; Marković, 2015, 135-136; Sousa, 2015, 137; Marković, 2016, 57-59; Colonna, 2017, 110.

[51] Str. XVII, 22 y 27; Bosch Puche, 2012, 256.

[52] Hdt. III, 28.

[53] Str. XVII, 31.

[54] Ray, 1978, 152; Ray, 2002, 19; Bosch Puche, 2012, 243-244 y 246-249; Marković, 2015, 135-136 y 138; Marković, 2016, 57-59, 62-63 y 67-68; Smith, 2017, 393; Nicholson, 2022, 1242-1243.

[55] Ray, 1978, 151; Bosch Puche, 2012, 243-244 y 246-249; Marković, 2015, 135-136 y 138; Marković, 2016, 57-59, 62-63 y 67-68; Nicholson, 2022, 1242-1243.

[56] Str. XVII, 31.

[57] Ray, 1978, 151 y 153; Marković, 2015, 135-136 y 138; Sousa, 2015, 137-138; Marković, 2016, 57-59, 62-63 y 67-68; Smith, 2017, 391.

[58] Ray, 1978, 153.

[59] Marković, 2015, 136; Marković, 2016, 59; Smith, 2017, 393.

[60] Str. XVII, 32.

[61] Marković, 2015, 138.

[62] Louvre IM 2858; Louvre IM 3031; Louvre IM 3128; Louvre IM 3427; Louvre N 679 2.

[63] Pl. *Is. et Os.* 361F-362A; López Salvá, 1992, 164.

[64] López Salvá, 1992, 164-165; Izquierdo Perales, 2023, 90-91.

[65] Smith, 2017, 418.

[66] Thompson, 1988, 202-213; Moyer, 2011, 148-150; Smith, 2017, 391-392; Izquierdo Perales, 2023, 90.

[67] Izquierdo Perales, 2023, 262.

[68] Delia, 1992, 187; Smith, 2017, 404-409; Izquierdo Perales, 2023, 55.

[69] Fraser, 1972, 252; McKenzie, Gibson y Reyes, 2004, 81; Bingen, 2007, 40-41; Hölbl, 2001, 105-112; Tallet, 2021, 321 y ss.; Izquierdo Perales, 2023, 91.

[70] Sousa, 2015, 141.

[71] D. S. I, 23, 2-8.

[72] López Salvá, 1992, 164; Sousa, 2015, 134-135; Tallet, 2021, 321; Izquierdo Perales, 2023, 90.

[73] López Salvá, 1992, 163-164 y 167.

[74] Hölbl, 2001, 99-101; Moyer, 2011, 147 y ss.; Smith, 2017, 396; Tallet, 2021, 337-345; Izquierdo Perales, 2023, 91.

[75] Fraser, 1972, 274-275 y 300; Samuel, 1983, 83-85; Ballet, 1999, 156; Hölbl, 2001, 112, Izquierdo Perales, 2023, 91.

[76] Izquierdo Perales, 2023, 262.

[77] López Salvá, 1992, 166 y 190; Izquierdo Perales, 2023, 242.

[78] Str. XVII, 17.

[79] Véase Hornung, 1999.

[80] Wilkinson, 2003, 209-210; Smith, 2017, 239-240.

[81] Mikhail, 1983, 100; Smith, 2017, 239.

[82] Wilkinson, 2003, 210-211.

[83] Wilkinson, 2003, 210; Smith, 2017, 239-240.

[84] Wilkinson, 2003, 210.

[85] Wilkinson, 2003, 125.

[86] Véase Rindi, 2014.

[87] Guilhou, 2021, 43.

[88] Guilhou, 2021, 44.

[89] Cauville e Ibrahim, 2015, 209.

[90] Hdt. II, 73.

5
El culto a Osiris

[1] Mojsov, 2005, 43-46; Dijkstra, 2008, 204-206; Teeter, 2011, 58.

[2] Mikhail, 1983, 100.

[3] Véase Mikhail, 1983.

[4] Mikhail, 1983, 54.

[5] Fukaya, 2019, 84.

[6] Chassinat, 1966, 90-91; Raven, 1982, 27-28; Teeter, 2011, 59; Kucharek, 2017, 120.

[7] Mojsov, 2005, 52; Teeter, 2011, 60; Kucharek, 2017, 124-125.

[8] Stadler, 2008, 3; Teeter, 2011, 60; Kucharek, 2017, 124-125.

[9] Chassinat, 1966, 69-71; Raven, 1982, 28; Mikhail, 1983, 57; Cauville, 1997, 221; Teeter, 2011, 60.

[10] Mikhail, 1983, 57; Cauville e Ibrahim, 2015, 177.

[11] Chassinat, 1966, 71; Cauville, 1997, 222.

[12] Chassinat, 1966, 72-73; Mikhail, 1983, 54 y 57; Cauville, 1997, 16-17 y 222; Assmann, 2005, 281.

[13] Cauville, 1997, 209 y 213; Cauville e Ibrahim, 2015, 151.

[14] Stadler, 2008, 3; Teeter, 2011, 61-62.

[15] Cauville, 1997, 277.

[16] Chassinat, 1966, 73; Raven, 1982, 28; Mikhail, 1983, 54; Cauville, 1997, 222; Mojsov, 2005, 52; Teeter, 2011, 62; Kucharek, 2017, 121; Priskin, 2021, 147.

[17] Hölbl, 2001, 278; Cauville e Ibrahim, 2015, 151; Izquierdo Perales, 2023, 219-220. Las capillas fueron construidas entre el 54 a. C. y la muerte de Ptolomeo XII se produjo en el 51 a. C., el zodiaco es del 50 a. C. y la finalización de toda la decoración tuvo lugar en el 28 de diciembre del 47 a. C.

[18] Véase Lull, 2006, 211-220.

[19] Cauville, 1990, 65-78; Cauville, 1997, 209-212 y 278; Cauville e Ibrahim, 2015, 165 y ss.

[20] Cauville e Ibrahim, 2015, 192-198.

[21] Cauville e Ibrahim, 2015, 201-208.

[22] Cauville, 1997, 232-235.

[23] Cauville e Ibrahim, 2015, 209.

[24] Cauville, 1990, 78 y 277; Cauville e Ibrahim, 2015, 183.

[25] Teeter, 2011, 64; Coulon, 2016, 17; Coulon, Hallmann y Payraudeau, 2018, 272 y ss.

[26] Blyth, 2006, 227; Teeter, 2011, 64.

[27] Cauville, 1997, 267.

[28] Colonna, 2018, 227.

[29] Pl. *Is. et Os.* 359B.

[30] Colonna, 2018, 230.

[31] Colonna, 2018, 230; Mascort, 2018a, 20-21; Morfini y Álvarez Sosa, 2021, 90.

[32] Colonna, 2018, 225.

[33] Mascort, 2018a, 13-24.

[34] Mascort, 2018a, 13-18 y 23.

[35] Mascort, 2009, 77-79 y 83; Mascort, 2018a, 13-14; Mascort, 2018b, 27-28, 36, 46, 48, 52 y ss.; Morfini y Álvarez Sosa, 2021, 91.

[36] Martínez, 2018, 216.

[37] Mascort, 2018b, 95 y ss.

[38] Véase Padró, 2018.

[39] Smith, 2017, 472.

[40] Kocklemann, 2012, 1; Colonna, 2018, 232.

[41] De Maré, 2016, 2.

[42] Kocklemann, 2012, 1.

[43] De Maré, 2016, 2.

[44] Preys, 2023a.

[45] Preys, 2023b.

[46] De Maré, 2016, 2 y 10.

[47] Véase Otto, 1968, 25-26.

[48] Lenzo, 2022, 23.

[49] De Maré, 2016, 1.

[50] D. S. I, 22.

[51] De Maré, 2021, 43.

[52] Pl. *Is. et Os.* 359B.

[53] De Maré, 2016, 6.

[54] Kocklemann, 2012, 4-5; De Maré, 2016, 10 y ss.; De Maré, 2021, 23 y ss.

[55] De Maré, 2021, 21, 39 y 42.

[56] Rossell, 2020, 397.

[57] Pl. *Is. et Os.* 359A-B.

[58] Coulon, 2018, 685-686.

[59] Otto, 1968, 57-58.

[60] Smith, 2017, 226.

[61] Smith, 2017, 226-234.

[62] Otto, 1968, 31; Rossell, 2020, 395.

[63] David, 1981, 120.

[64] Otto, 1968, 14-22; David, 1981, 120; Wegner, 2007, 15; Teeter, 2011, 60; Kucharek, 2017, 120-121; Rossell, 2020, 395 y 397.

[65] Véase Wegner, 2007.

[66] David, 1981, 120; Wegner, 2007, 15; Teeter, 2011, 60; Kucharek, 2017, 120-121.

[67] Pouls Wegner, 2002, 170-173 y 182-185.

[68] Smith, 2017, 472.

[69] Rossell, 2020, 395-399.

[70] Otto, 1968, 40-44; David, 1981, 121; Wegner, 2007, 16; Rossell, 2020, 394 y 401.

[71] Véase Landgrafova y Dils, 2023.

[72] Pouls Wegner, 2002, 170-173 y 182-185; Rossell, 2018, 48-52; Rossell, 2020, 399-401 y 404.

[73] Rossell, 2020, 402-406.

[74] Budka, 2019, 17-20 y 22.

[75] Ikram, 2007, 418-421.

[76] Nicholson, 2022, 1249.

[77] Otto, 1968, 50 y ss.; David, 1981, 120-121; Haeny, 1997, 112.

[78] Otto, 1968, 51 y 56; Haeny, 1997, 118-119.

[79] Otto, 1968, 54.

[80] Morfini y Álvarez Sosa, 2021, 91.

[81] Otto, 1968, 54; David, 1981, 125 y ss.; De Maré, 2016, 41; Méndez-Rodríguez, 2020, 192 y ss.

[82] Von Lieven, 2007, 181-182; Smith, 2017, 472.

[83] Regén, 2018, 162-163.

[84] Smith, 2017, 471-472.

[85] Smith, 2017, 235; Rossell, 2020, 397; Coulon, 2018, 686-687, 694.

[86] Otto, 1968, 25; David, 1981, 120-121; Smith, 2017, 235; Coulon, 2018, 688-689.

[87] Hdt. II, 59 y 61.

[88] Pl. *Is. et Os.* 355D-356A; Parker, 1950, 49-50; Wells, 1994, 26-27; Spalinger, 1995a, 33, 37 y 43.

[89] Pl. *Is. et Os.* 355D-356A; Parker, 1950, 49-50; Wells, 1994, 26-27; Spalinger, 1995a, 33, 37 y 43.

[90] Quirke, 2013, 287-291; Smith, 2017, 343.

[91] Fukaya, 2019, 110.

[92] Fukaya, 2019, 110-113.

[93] Fukaya, 2019, 94.

[94] P. Leiden I 346; Raven, 1997, 275 y 282-283.

[95] Spalinger, 1995b, 20.

[96] Porceddu, Jetsu, Markkanen y Toivari-Viitala, 2008, 329; Fukaya, 2019, 81-83 y 94.

[97] Fukaya, 2019, 83-84.

[98] Fukaya, 2019, 91, 97 y ss.

[99] Fukaya, 2019, 113 y ss.

[100] Olbés Ruíz de Alda, 2022, 230-234.

[101] Véase Olbés Ruíz de Alda, 2022.

[102] Fukaya, 2019, 86.

[103] BM EA 162; BM EA 569 y 570; Cairo CG 20005; G 2091; G2136; München GI. WAF 35.

[104] Poo, 1995 149 y 155-156.

[105] Faulkner, 1969, 147; Poo, 1995, 149.

[106] P. Leiden T 32, 25-30; Smith, 2009, 421; Fukaya, 2019, 89.

Bibliografía

Bibliografía citada

ASSMANN, J. (1995). *Egyptian solar religion in the New Kingdom: Re, Amun and the crisis of polytheism*. Londres: Routledge.

— (1999). *Agyptische Hymnen und Gebete*. Friburgo: Universitäts-verlag, Vandenhoeck and Ruprecht.

— (2001). *The search for god in ancient Egypt*. Ithaca (Nueva York): Cornell University Press.

— (2005). *Death and salvation in ancient Egypt*. Ithaca (Nueva York): Cornell University Press.

ALLEN, J. P. (2013). «The name of Osiris (and Isis)». *Lingua Aegyptia*, 21, pp. 9-14.

— (2015). *Middle egyptian literature: Eight literary works of the Middle Kingdom*. Cambridge: Cambridge University Press.

ALLEN, T. G. (1974). The Book of the dead *or* Going forth by day. *Ideas of the ancient egyptians concerning the hereafter as expressed in their own terms*. Chicago: The University of Chicago Press.

BALLET, P. (1999). *La vie quotidienne à Alexandrie 331-30 av. J.-C.* París: Hachette Littératures.

BARTA, W. (1984). «Re», en W. Helck y E. Otto (eds.): *Lexikon der Ägyptologie. Band V. Pyramidenbau - Steingefäße* (pp. 156-180). Wiesbaden: Otto Harrasowitz.

BINGEN, J. (2007). *Hellenistic Egypt: Monarchy, society, economy, culture.* Edimburgo: Edinburg University Press.

BLYTH, E. (2006). *Karnak: Evolution of a temple.* Londres: Routledge.

BONANNO, M. (2021). «A new osirian solar epithet in TT49? Considerations about the nocturnal sun in the chapel», en M. Franci, S. Ikram e I. Morfini (eds.): *Rethinking Osiris. Proceedings of the International Conference. Florence, Italy, 26-27 March 2019* (pp. 19-28). Roma: Arbor Sapientae Editore.

BORREGO GALLARDO, F. L. (2012). «La corona atef durante el Reino Antiguo», en L. M. de Araújo y J. das Candeias Sales (eds.): *Novos Trabalhos de Egiptologia Ibérica. IV Congresso Ibérico de Egiptologia* (pp. 145-166). Lisboa: Instituto Oriental e Centro de História da Facultade des Letras da Universidade de Lisboa.

BOSCH PUCHE, F. (2012). «Alejandro Magno y los cultos a animales sagrados en Egipto». *Aula Orientalis*, 30(2), pp. 243-277.

BOTELHO RODRIGUES, B. (2017). «Osiris: one deity, many symbols», en J. Popielska-Grzybowska y J. Iwaszczuk (eds.): *Thinking symbols: interdisciplinary studies* (pp. 251-256). Pultusk: Pultusk Academy of Humanities.

BRADSAW, J. (1997). *The night sky in egyptian mythology.* Londres: Autoedición.

BREASTED, J. H. (1912). *Development of religion and thought in ancient Egypt.* Nueva York: Hodder & Stoughton.

BUDKA, J. (2019). «Re-awakening Osiris at Umm el-Qaab (Abydos): New evidence for the votive offerings and other religious practices», en N. Staring, H. Twiston Davies y L. Weiss (eds.): *Perspectives on lived religion: Practices – Transmission – Landscape* (pp. 15-25). Leiden: Sidestone Press.

CANNATA, M. (2020). *Three hundred years of death. The Egyptian funerary industry in the ptolemaic period.* Leiden: Brill.

CARRIER, C. (2009). *Le Livre des morts de l'Égypte ancienne*. Melchat 2. París: Cybele.

CAUVILLE, S. (1990). *Le temple de Dendera: Guide archéologique*. El Cairo: IFAO.

— (1997). *Le Temple de Dendara. Les chapelles osiriennes. Vol. II: Commentaire*. El Cairo: IFAO.

— y M. Ibrahim Ali. (2015). *Dendara. Itinéraire du visiteur*. Lovaina: Peeters.

CHASSINAT, E. (1966). *Le mystère d'Osiris au mois de Khoiak (Fascicule I)*. El Cairo: IFAO.

— (1968). *Le mystère d'Osiris au mois de Khoiak (Fascicule II)*. El Cairo: IFAO.

CHOAT, M. (2012). «Christianity», en C. Riggs (ed.): *The Oxford handbook of roman Egypt* (pp. 474-492). Oxford: Oxford University Press.

COLONNA, A. (2017). «Rethinking egyptian animal worship (c. 3000 BC – c. 300 AD): Towards a historical-religious perspective», en G. Rosati y M. C. Guidotti (eds.): *Proceedings of the XI International Congress of Egyptologists, Florence, Italy 23-30 August 2015* (pp. 107-111). Oxford: Archaeopress.

— (2018). «The tomb of Osiris: Perception, representation and cultural construction of a sacred space in the egyptian tradition», en A. Kahlbacher y E. Priglinger (eds.): *Tradition and transformation in ancient Egypt: Proceedings of the Fifth International Congress for Young Egyptologists, 15-19 September, 2015, Vienna* (pp. 225-241). Viena: Austrian Academy of Sciences Press.

COONEY, K. (2010). «Gender transformation in death: A case study of coffins from ramesside period Egypt». *Near Eastern Archaeology*, 73 (4), pp. 224-237.

COULON, L. (2010). «Le culte osirien au Ier millénaire av. J.-C. Une mise en perspective», en L. Coulon (ed.): *Le culte d'Osiris au 1er millénaire av. J.-C: découvertes et travaux récents. Actes de la table ronde internationale tenue a* Lyon, Maison de l'Orient et de la Méditerranée (Université Lumière-Lyon 2) les 8 et 9 juillet 2005 (pp. 1-19). El Cairo: IFAO.

— (2016). «Les chapelles osiriennes de Karnak. Aperçu des travaux récents». *Bulletin de la Société Française d'Égyptologie*, 195-196, pp. 16-35.

— (2018). «Entre Bousiris et Abydos, la (dé)rive de Nédit: mythologie égyptienne et dualisme géographique». *Revue de l'Histoire des Religions*, 4, pp. 683-699.

COUNSELL, D. (2016). «Proving Herodotus and Diodorus? Headspace analysis of "eau de mummy" using gas chromatography mass spectrometry», en C. Price, R. Forshaw, A. Chamberlain y P. T. Nicholson (eds.): *Mummies, magic and medicine in ancient Egypt: Multidisciplinary essays for Rosalie David* (pp. 221-231). Manchester: Manchester University Press.

CRUZ-URIBE, E. (2016). *The demotic graffiti from the temple of Isis on Philae island*. Atlanta: Lockwood Press.

DARNELL, J. C. (2004). *The enigmatic netherworld books of the solar-osirian unity: Cryptographic compositions in the tombs of Tutankhamun, Ramesses VI and Ramesses IX*. Friburgo: Academic Press Fribourg, Vandenhoeck & Ruprecht Göttingen.

DAVID, R. (1981). *A guide to religious ritual at Abydos*. Warminster: Aris & Phillips.

DAS CANCEIAS SALES, J. (2015-2016). «As capideiras rituais egípcias: entre a expressão de emoções e a encenação pública. A importância das lamentações fúnebres». *Isimu* 18-19, pp. 61-76.

DE BUCK, A. (1951). *The egyptian coffin texts. IV. Texts of spells 268-354*. Chicago: The University of Chicago Press.

DE MARÉ, C. (2016). «Ci-gît Osiris. L'Abaton de Biggeh d'après les sources textuelles et iconographiques». *Bulletin de l'Académie Belge pour l'Étude des Langues Anciennes et Orientales*, 5, pp. 1-46.

— (2021). «The "Abaton decree": Philological study of religious texts from Philae», *EniM*, 14, pp. 21-54.

DELIA, D. (1992). «The refreshing water of Osiris». *Journal of the American Research Center in Egypt*, 29, pp. 181-190.

DEPUYDT, L. (1997). *Civil calendar and lunar calendar in ancient Egypt*. Lovaina: Peeters.

DIJKSTRA, J. H. F. (2008). *Philae and the end of ancient egyptian religion: A regional study of religious transformation (298-642 CE)*. Lovaina: Peeters.

ELWAKEEL, A. (2012). «The so-called Osiris bed in ancient Egypt». *Damqātum*, 8, pp. 10-14.

ESCOLANO-POVEDA, M. (2017). «New fragments of Papyrus Berlin 3024: The missing beginning of the Debate between a man and his ba and the continuation of the Tale of the herdsman (P. Mallorca I and II)». *Zeitschrift Für Ägyptische Sprache und Alterumskunde*, 144 (1), pp. 16-54.

FALK, D. A. (2018). «"My putrefaction is myrrh": The lexicography of decay, gilded coffins, and the green skin of Osiris». *Journal of Ancient Civilizations*, 33 (1), pp. 27-39.

FAULKNER, R. O. (1966). «The king and the star-religion in the Pyramid texts». *Journal of Near Eastern Studies*, 25, pp. 153-161.

— (1968). «The pregnancy of Isis». *The Journal of Egyptian Archaeology*, 54, pp. 40–44.

— (1969). *The ancient egyptian Pyramid texts*. Oxford: Clarendon Press.

— (1972). «Coffin texts spell 313». *The Journal of Egyptian Archaeology*, 58, pp. 91-94.

— (2004 [1973]). *The ancient egyptian Coffin texts: Spells 1-354 and indexes*, vol. I. Warminster: Aris & Phillips.

— (2004 [1977]). *The ancient egyptian Coffin texts: Spells 355-787 and indexes*, vol. II. Warminster: Aris & Phillips.

— (2004 [1978]). *The ancient egyptian Coffin texts: Spells 788-1185 and indexes*, vol. III. Warminster: Aris & Phillips.

FRANKFORT, H. (1948). *Kingship and the gods. A study of ancient near eastern religion as the integration of society and nature*. Chicago: The University of Chicago Press.

FRANKFURTER, D. (1998). *Religion in roman Egypt: Assimilation and ressitance*. Princeton: Princeton University Press.

FRASER, P. M. (1972). *Ptolemaic Alexandria. I. Text*. Oxford: Clarendon Press.

FUKAYA, M. (2019). *The Festivals of Opet, the Valley, and the New Year. Their socio-religious functions*. Oxford: Archaeopress.

GARCÍA ALONSO, J. L, M.ª P. DE HOZ GARCÍA-BELLIDO y S. TORALLAS TOVAR (2015). *Geografía. Libros XV-XVII*. Introducción, traducción y notas de Juan Luis García Alonso, María Paz de Hoz García-Bellido y Sofía Torallas Tovar. Madrid: Editorial Gredos.

GOYON, J.-C. (1972). *Rituels funéraires de l'ancienne Égypte: Le rituel de l'embaumement, le rituel de l'ouverture de la bouche, les livres des respirations*. París: Éditions du Cerf.

— (1988). «Momification et recomposition du corps divin: Anubis et les canopes», en J. Kamstra, H. Milde y K. Wagtendonk (eds.): *Funerary symbols and religion: Essays dedicated to professor M. S. H. Heerma Van Voss on the occasion of his retirement from the chair of the History of Ancient Religions at the University of Amsterdam* (pp. 34-44). Kampen: J. H. Kok.

GRAVES-BROWN, C. (2018). *Daemons and spirits in ancient Egypt*. Cardiff: University of Wales Press.

GRIFFITHS, J. G. (1960). *The conflict of Horus and Seth: From egyptian and classical sources*. Liverpool: Liverpool University Press.

— (1980). *The origins of Osiris and his cult*. Leiden: E. J. Brill.

— (1982). «Osiris», en H. W. Helck y W. Westendorf (eds.): *Lexikon der Ägyptologie. Band IV. Megiddo – Pyramiden* (pp. 623-633). Wiesbaden: Otto Harrasowitz.

— (1996). «The phrase *hr mw.f* in the memphite theology». *Zeitschrift für Ägyptische Sprache und Altertumskunde*, 123 (2), pp. 111-115.

GUASCH JANÉ, M.ª R. (2008). *Wine in ancient Egypt: A cultural and analytical study*. Oxford: Archaeopress.

GUILHOU, N. (2021). «Osiris and the heavenly bodies», en M. Franci, S. Ikram e I. Morfini (eds.): *Rethinking Osiris. Proceedings of the*

International Conference. Florence, Italy, 26-27 March 2019 (pp. 41-50). Roma: Arbor Sapientae Editore.

HAENY, G. (1997). «New Kingdom "mortuary temples" and "mansions of millions of years"», en B. E. Shafer (ed.): *Temples of ancient Egypt* (pp. 86-126). Ithaca: Cornell University Press.

HAGGAG, M. (2021a). «Paganism, christianity, and religious pluralism», en R. Bagnall (ed.): *Roman Egypt: A history* (pp. 190-199). Cambridge: Cambridge University Press.

— (2021b). «Monasticism», en R. Bagnall (ed.): *Roman Egypt: A history* (pp. 210-216). Cambridge: Cambridge University Press.

HARRINGTON, N. (2013). *Living with the dead: Ancestor worship and mortuary ritual in ancient Egypt.* Oxford: Oxbow Books.

HERRERO INGELMO, M. C. (1995). *Pausanias. Descripción de Grecia. Libro X. La Fócide.* Introducción, traducción y notas de María Cruz Herrero Ingelmo. Madrid: Editorial Gredos.

HÖLBL, G. (2001). *A history of the ptolemaic empire.* Nueva York: Routledge.

HORNUNG, E. (1999). *El uno y los múltiples.* Madrid: Editorial Trotta.

IKRAM, S. (2003). *Death and burial in ancient Egypt.* Harlow: Longman.

— (2007). «Animals in the ritual landscape at Abydos: A synopsis», en Z. Hawass y J. Richards (eds.): *The archaeology and art of ancient Egypt: Essays in honor of David O'Connor* (pp. 417-432). El Cairo: Supreme Council of Antiquities Press.

— y A. DODSON, A. (1998). *The mummy in ancient Egypt. Equipping the dead for eternity.* Londres: Thames & Hudson.

INCORDINO, I. (2021). «Osiris in byzantine Egypt? Possible reminiscences of osirian themes in pottery decoration from Manqabad monastery», en M. Franci, S. Ikram e I. Morfini (eds.): *Rethinking Osiris. Proceedings of International Conference. Florence, Italy 26-27 March 2019* (pp. 71-76). Roma: Arbor Sapientae Editore.

IZQUIERDO PERALES, M. A. (2023). *La identificación del muerto con Osiris durante el Egipto ptolemaico.* Tesis doctoral inédita: Universidad Complutense de Madrid.

— (2024). «El duelo en el arte funerario egipcio ptolemaico y romano: *Las lamentaciones de Isis y Neftis*». *Eikon Imago*, 13, pp. 197-211.

JIMÉNEZ SAN CRISTÓBAL, A. I. (2008). «La transmisión de ritos», en A. Bernabé y F. Casadesús, (coords.): *Orfeo y la tradición órfica: un reencuentro. Vol. I* (pp. 67-94). Madrid: Ediciones Akal.

— (2011). «El más allá en inscripciones dionisíacas», en R. Martín Hernández y S. Torallas Tovar (eds.): *Conversaciones con la muerte: diálogos del hombre con el más allá* (pp. 67-94). Madrid: Consejo Superior de Investigaciones Científicas.

KAMIL, J. (2002). *Christianity in the land of the pharaohs: The coptic orthodox Church*. Londres: Routledge.

KEMBOLY, M. (2010). *The question of evil in ancient Egypt*. Londres: Golden House Publicatons.

KOCKELMANN, H. (2012). «Philae», en *UCLA encyclopedia of egyptology*, Los Ángeles. Consultado el 28 de diciembre de 2023: https://escholarship.org/uc/item/1456t8bn.

KUCHAREK, A. (2017). «The mysteries of Osiris», en F. Scalf (ed.): *Book of the dead. Becoming god in ancient Egypt* (pp. 117-126). Chicago: University of Chicago.

LENZO, G. (2022). «The names of Osiris in the litany of the so-called spell 141/142 of the Book of the Dead in ancient Egypt», en Galoppin, T. et al. (eds.), *Naming and Mapping the Gods in the Ancient Mediterranean* (pp. 15-40). Boston: De Gruyter.

LIPPERT, S. (2013). «Inheritance», en *UCLA encyclopedia of egyptology*, Los Ángeles. Consultado el 30 de octubre de 2022: https://escholarship.org/uc/item/30h78901.

LÓPEZ SALVÁ, M. (1992). «Isis y Sarapis: difusión de su culto en el mundo grecorromano». *Minerva*, 6, 161-192.

LOYNES, R. (2015). *Prepared for eternity. A study of human embalming techniques in ancient Egypt using computerized tomography scans of mummies*. Oxford: Archaeopress.

LUCARELLI, R. (2017). «Gods, spirits, demons of the book of the dead», en F. Scalf (ed.): *Book of the dead. Becoming god in ancient Egypt* (pp. 127-138). Chicago: University of Chicago.

LUCAS, A. (1914). «The question of the use of bitumen or pitch by the Ancient Egyptians in mummification». *The Journal of Egyptian Archaeology*, 1 (4), pp. 241-245.

LULL, J. (2006). *La astronomía en el antiguo Egipto*. Valencia: Universitat de València.

MARKOVIĆ, N. (2015). «The cult of the sacred bull Apis: History of study», en M. Tomorad (ed.): *A history of research into ancient egyptian culture conducted in southeast Europe* (pp. 135-144). Oxford: Archaeopress.

— (2016). «A look through his widow: the sanctuary of the divine Apis bull at Memphis». *The Journal of Ancient Egyptian Architecture*, 1, pp. 57-70.

MANNICHE, L. (2002). *Sexual life in ancient Egypt*. Londres: Routledge.

MARSHALL, A. y R. LICHTENBERG (2013). *Les momies égyptiennes: La quête millénaire d'une technique*. París: Fayard.

MARTÍNEZ, J. J. (2018). «La cerámica ptolemaica del Osireion de Oxirrinco», en M. Mascort (ed.): *Oxyrhynchos IV. L'Osireion d'Oxirrinc* (pp. 211-226). Barcelona: Universitat de Barcelona.

MASCORT, M. (2009). «El Osireion de Oxirrinco (El Bahnasa, Egipto)». *Trabajos de Egiptología*, 5 (2), pp. 77-85.

— (2018a). «Oxirrinc. Importància geogràphica i històrica», en M. Mascort (ed.): *Oxyrhynchos IV. L'Osireion d'Oxirrinc* (pp. 13-26). Barcelona: Universitat de Barcelona.

— (2018b). «L'Osireion d'Oxirrinc», en M. Mascort (ed.): *Oxyrhynchos IV. L'Osireion d'Oxirrinc* (pp. 27-168). Barcelona: Universitat de Barcelona.

McKENZIE, J. S., S. GIBSON y A. T. REYES (2004). «Reconstructing the Serapeum in Alexandria from the archaeological evidence». *The Journal of Roman Studies*, 94, pp. 73-121.

MÉNDEZ-RODRÍGUEZ, D. M. (2020). «Ofrendas en el inframundo: el Libro de las doce cavernas en el Osireion de Abidos». *Trabajos de Egiptología*, 11, pp. 189-214.

MERCER, S. A. (1942). *Horus, royal god of Egypt*. Lancaster: Lancaster Press.

MIKHAIL, L. B. (1983). *Dramatic aspects of the osirian Khoiak festival*. Upsala: Institute of Egyptology of the Uppsala University.

MOJSOV, B. (2005). *Osiris: Death and afterlife of a god*. Oxford: Blackwell Publishing.

MOLINERO POLO, M. A. (1998). *Realeza y concepción del universo en los textos de las pirámides*. Universidad Complutense de Madrid.

MONTSERRAT, D. (1996). «Your name will reach the hall of the western mountains": Some aspects of mummy portrait inscriptions», en Bailey, D. M. (ed.): *Archaeological research in roman Egypt. Proceedings of the Seventeenth Classical Colloquium of the Department of Greek and Roman Antiquities, British Museum, held on 1-4 December, 1993* (pp. 177-185). Oxford: Oxbow Books.

MORENZ, S. (1973). *Egyptian religion*. Ítaca: Cornell University Press.

MORFINI, I. y M. ÁLVAREZ SOSA (2021). «A new 'Osiris tomb' in Sheikh Abd el-Qurna – Luxor: from myth to architecture», en M. Franci, S. Ikram e I. Morfini. (eds.): *Rethinking Osiris. Proceedings of the International Conference. Florence, Italy, 26-27 March 2019* (pp. 89-104). Roma: Arbor Sapientae Editore.

MOYER, I. S. (2011). *Egypt and the limits of hellenism*. Cambridge: Cambridge University Press.

MUHLESTEIN, K. (2005). «Death by water: The role of water in ancient Egypt's treatment of enemies and juridical process», en A. Amenta, M. Luiselli y M. Novella Sordi (eds.): *L'Acqua nell'antico Egitto: Vita, rigenerazione, incantesimo, medicamento* (pp. 173-79). Roma: L'Erma di Bretschneider.

— (2011). *Violence in the service of order: The religious framework for sanctioned killing in ancient Egypt*. Oxford: Archaeopress.

MÜLLER, M. (2014). «Feasts for the dead and ancestor veneration in egyptian tradition», en V. Rimmer Herrmann y J. D. Schloen, J. D. (eds.): *In remembrance of me. Feasting with the dead in the ancient Middle East* (pp. 85-94). Chicago: University of Chicago.

NICHOLSON, P. T. (2022). «Animals at Saqqara». *Heritage*, 5, pp. 1240-1252.

ODEN, R. A. (1979). «"The contendings of Horus and Seth" (Chester Beatty Papyrus No.1): A structural interpretation». *History of Religions*, 18(4), pp. 352-369.

OLBÉS RUÍZ DE ALDA, I. (2022). «La simbología detrás de un deseo: la cantimplora de Año Nuevo del Museo Arqueológico Nacional». *Boletín del Museo Arqueológico Nacional*, 41, pp. 227-236.

ORRIOLS, M. (2020). «El acto sexual como agente del (re)nacimiento de Osiris». *Trabajos de Egiptología*, 11, pp. 241-262.

OTTO, E. (1968). *Egyptian art and the cults of Osiris and Amon*. Londres: Thames & Hudson.

PADRÓ, J. (2018). «Una vía processional de la ciutat a l'Osireion d'Oxirrinc», en M. Mascort, (ed.): *Oxyrhynchos IV. L'Osireion d'Oxirrinc* (pp. 237-239). Barcelona: Universitat de Barcelona.

PARKER, R. A. (1950). *The calendars of ancient Egypt*. Chicago: The University of Chicago Press.

PARKINSON, R. B. (1995). «"Homosexual" desire and Middle Kingdom literature». *The Journal of Egyptian Archaeology*, 81, pp. 56-76.

PARRA, J. M. (2001). *La vida amorosa en el antiguo Egipto: sexo, matrimonio y erotismo*. Madrid: Alderabán.

PARREU ALASÀ, F. (2001). *Diodoro de Sicilia. Biblioteca Histórica. Libros I-III. Introducción, traducción y notas de Francisco Parreu Alasà*. Madrid: Editorial Gredos.

PINCH, G. (1994). *Magic in ancient Egypt*. Londres: British Museum Press.

POO, M. (1995). *Wine and wine offering in the religion of ancient Egypt*. Nueva York: Kegan Paul International.

PORCEDDU, S., L. JETSU, T. MARKKANEN y J. TOIVARI-VIITALA, J. (2008). «Evidence of periodicity in ancient egyptian calendars of lucky and unlucky days». *Cambridge Archaeological Journal*, 18(3), pp. 327-339.

PORDOMINGO PARDO, F. y J. FERNÁNDEZ DELGADO, J. (1995). *Plutarco. Obras morales y de costumbres (Moralia) VI. Isis y Osiris. Diálogos Píticos.* Introducciones, traducciones y notas por Francisca Pordomingo Pardo y José Antonio Fernández Delgado. Madrid: Editorial Gredos.

POULS WEGNER, M. A. (2002). *The cult of Osiris at Abydos: An archaeological investigation of the development of an ancient egyptian sacred center during the eighteenth dynasty.* University of Pennsylvania.

PRISKIN, G. (2021). «The 104 amulets of Osiris at Dendera», en M. Franci, S. Ikram e I. Morfini (eds.): *Rethinking Osiris. Proceedings of International Conference. Florence, Italy 26-27 March 2019* (pp. 147-152). Roma: Arbor Sapientae Editore.

QUIRKE, S. (2013). *Going out in daylight – prt m hrw the ancient egyptian Book of the dead: Translation, sources, meanings.* Londres: Golden House Publications.

RAEGOT, M. *et al.* (2023). «Biomolecular analyses enable new insights into ancient egyptian embalming». *Nature*, 614, pp. 287-293.

RAVEN, M. (1982). «Corn-mummies». *Oudheidkundige Mededelingen uit het Rijksmuseum van Oudheden,* 63, pp. 7-38.

— (1983). «Wax in egyptian magic and symbolism». *Oudheidkundige Mededelingen uit het Rijksmuseum van Oudheden,* 64, pp. 7-47.

— (1997). «Charms for protection during the epagomenal days», en J. van Dijk (ed.): *Essays on ancient Egypt in honour of Herman te Velde.*

RAY, J. (2002). *Reflections of Osiris. Lives from ancient Egypt.* Oxford: Oxford University Press.

RAY, J. D. (1978). «The world of North Saqqara». *World Archaeology*, 10(2), pp. 149-157.

REEDER, G. (1995). «The mysterious Muu and the dance they do». *KMT*, pp. 69-78.

REGÉN, I. (2018). «The Book of Nut in the Late Period tombs of the Asasif necropolis: With a Focus on the decorative layout in the tombs of Padiamenope (TT 33) and Montuemhat (TT 34)», en E. Pischikova, J. Budka y K. Griffin (eds.): *Thebes in the first millenium BC: Art and archaeology of the Kushite Period and beyond* (pp. 162-176). Londres: Golden House Publications.

REYMOND, E. A. E. (1977). «Alexandria and Memphis. Some historical observations. Part I». *Orientalia, n. s.* 46 (1), pp. 1-24.

RIEFSTAHL, E. (1944). *Patterned textiles in pharaonic Egypt.* Nueva York: Brooklyn Museum, Brooklyn Institute of Arts and Sciences.

RINDI, C. (2014). «Some remarks on the positioning of Ptah-Sokar-Osiris figures in Third Intermediate and Late Period burials», en T. Lekov y E. Buzov (eds): *Cult and belief in ancient Egypt: Proceedings of the Fourth International Congress for Young Egyptologists, 25-27 September 2012, Sofia* (pp. 30-36). Sofia: East West.

RIGGS. C. (2005). *The beautiful burial in roman Egypt: Art, identity, and funerary religion.* Nueva York: Oxford University Press.

— (2014). *Unwrapping ancient Egypt.* Londres: Bloomsbury Academic.

ROBERSON, J. A. (2015). «The royal funerary books: The subject matter of scenes and texts», en R. H. Wilkinson y K. R. Weeks (eds.): *The Oxford handbook of the Valley of the Kings* (pp. 316-334). Oxford: Oxford University Press.

ROBINS, G. (2008). *The art of ancient Egypt.* Cambridge: Havard University Press.

ROETEN, L. (2018). *Loaves, beds, plants and Osiris: Considerations about the emergence of the cult of Osiris.* Oxford: Archaeopress.

ROSSELL, P. M. (2018). «Deseos para la eternidad: La fórmula de Abidos y el desarrollo de los misterios de Osiris en las estelas votivas del Reino Medio egipcio». *Hélade*, 4(2), pp. 43-61.

— (2020). «Las peregrinaciones a Abidos. Desarrollo de una práctica social durante el Reino Medio». *Aula Orientalis*, 38/2, pp. 393-410.

RUNDEL CLARK, R. T. (1959). *Myth and symbol in ancient Egypt.* Londres: Thames & Hudson.

SAMUEL, A. E. (1983). *From Athens to Alexandria: Hellenism and social goals in ptolemaic Egypt.* Lovaina: Studia Hellenistica.

SANTAMARÍA ÁLVAREZ, M. A. (2008). «Orfeo y el orfismo en los poetas helenísticos», en A. Bernabé y F. CASADESÚS (coords.): *Orfeo y la tradición órfica: Un reencuentro*, vol. II (pp. 1339-1382). Madrid: Ediciones Akal.

SANTINI, V. (2021). «The role of Osiris during the Amarna age: From texts to depictions», en M. Franci, S. Ikram e I. Morfini, I. (eds.): *Rethinking Osiris. Proceedings of the International Conference. Florence, Italy, 26-27 March 2019* (pp. 153-160). Roma: Arbor Sapientae Editore.

SCHRADER, C. (1979). *Heródoto. Historia. Libro III. Talía.* Traducción y notas de Carlos Schrader. Madrid: Editorial Gredos.

— (1992). *Heródoto. Historia. Libros I-II.* Introducción de Francisco R. Adrados, traducción y notas de Carlos Schrader. Madrid: Editorial Gredos.

SCHUMANN-ANTELME, R. y S. ROSSINI (1998). *Becoming Osiris. The ancient egyptian death experience.* Rochester: Inner Traditions.

SMITH, M. (2009). *Traversing eternity. Texts for the afterlife from ptolemaic and roman Egypt.* Nueva York: Oxford University Press.

— (2017). *Following Osiris. Perspectives on the osirian afterlife from four millenia.* Oxford: Oxford University Press.

SERPICO, M. y R. WHITE (2000a). «Oil, fat and wax», en P. T. Nicholson e I. Shaw (eds.): *Ancient Egyptian materials and technology* (pp. 390-429). Cambridge: Cambridge University Press.

— (2000b). «Resins, amber and bitumen», en P. T. Nicholson e I. Shaw, I. (eds.): *Ancient egyptian materials and technology* (pp. 429-475). Cambridge: Cambridge University Press.

SOUSA, R. (2015). «O mito da origem de Serápis revisitado». *Revista Estética e Semiótica*, 5(2): 133-148.

SPALINGER, A. (1995a). «Some remarks on the epagomenal days in ancient Egypt». *Journal of Near Eastern Studies*, 54(1), pp. 33-47.

— (1995b). «Notes on the ancient egyptian calendars». *Orientalia*, 64 (2), pp. 17-32.

— (2008). «Colors and directions», en W. Waitkus (ed.): *Diener des Horus: Festschrift für Dieter Kurth zum 65. Geburtstag* (pp. 239-245). Gladbeck: PeWe-Verlag.

STADLER, M. (2008). «Procession», en *UCLA Encyclopedia of Egyptology*, Los Ángeles. Consultado el 28 de diciembre de 2023: https://escholarship.org/uc/item/679146w5.

SWEENEY, D. (2001). «Walking alone forever, following you: Gender and mourners' laments from ancient Egypt». *NIN: Journal of Gender Studies in Antiquity*, 2, pp. 27-48.

TALLET, G. (2021). *La splendeur des dieux: quatre études iconographiques sur l'hellénisme égyptien*. Leiden: Brill.

TAYLOR, J. H. (ed.) (2010). *Journey throught the afterlife: Ancient egyptian Book of the dead*. Cambridge: Harvard University Press.

TE VELDE, H. (1980). «Horus und Seth», *Lexikon* Ägyptologie, III, cols. 25-27.

TEETER, E. (2011). *Religion and ritual in ancient Egypt*. Cambridge: Cambridge University Press.

THOMPSON, D. J. (1988). *Memphis under the Ptolemies*. Guildford: Princeton University Press.

VIVAS SAINZ, I. (2017). «¿Los hombres también lloran? Representaciones masculinas en actitudes de duelo del Reino Nuevo», en L. Burgos Bernal, A. Pérez Largacha e I. Vivas Sainz (eds.): *Actas V Congreso Ibérico de Egiptología. Cuenca 9-12 de marzo 2015* (pp. 1093-1108). Cuenca: Ediciones de la Universidad de Castilla-La Mancha.

— (2021). «Sadness, gender and empathy: Amarna and post-Amarna (18th dynasty) Mourning scenes from the egyptian memphite necropolis». *Eikon Imago*, 10, pp. 271-281.

VOGELSANG-EASTWOOD, G. (1992). *The production of linen in pharaonic Egypt*. Leiden: Textile Research Centre.

VON BOMHARD, A. S. (2012). «Ciels d'Égypte. Le "ciel du sud" et le "ciel du nord"». *Égypte Nilotique et Méditerranéenne*, 5, pp. 73-102.

VON LIEVEN, A. (2007). «Bemerkungen zum Dekorationsprogramm des Osireion in Abydos», en B. Haring y A. Klug (eds.): *Ägyptologische*

Tempeltagung: Funktion und Gebrauch altägyptischer Tempel-räume. Leiden, 4-7. September 2002 (pp. 167-186). Wiesbaden: Harrassowitz.

VOLOKHINE, Y. (2008). «Tristesse rituelle et lamentations funéraires en Égypte ancienne». *Revue de l'Histoire des Religions*, 2, pp. 163-197.

VUILLEUMIER, S. (2015). «Des extraits du rituel de l'Ouverture de la bouche dans le P. Princeton Pharaonic Roll 10», en B. Backes y J. Dieleman. (eds.): *Liturgical texts for Osiris and the deceased in Late Period and rreco-roman Egypt. Proceedings of the Colloquiums at New York (ISAW): 6 May 2011, and Freudenstadt, 18-21 July 2012* (pp. 159-274). Wiesbaden: Harrassowitz Verlag.

WEGNER, J. (2007). *The mortuary temple of Senwosret III at Abydos.* New Haven y Filadelfia: Publications of Pennsylvania – Yale – Institute of Fine Arts Expedition to Egypt.

WELLS, R. A. (1994). «Re and the calendars», en A. J. Spalinger (ed.): *Revolutions in time: Studies in ancient egyptian calendars* (pp. 1-38). San Antonio (EEUU): Van Siclen Books.

WEST, G. (2019). *The tekenu and ancient egyptian funerary ritual.* Oxford: Archaeopress.

WILKINSON, R. H. (2003). *The complete gods and goddesses of ancient Egypt.* Nueva York: Thames and Hudson.

YOYOTTE, J. (1977). «Une notice biographique du roi Osiris». *Boulletin de l'Institut Français d'Archéologie Orientale*, 77, pp. 145-149.

Diccionarios y bases de datos

BACKES, B., S. D. SCHWEITZER y S. DIEPOLD (2023). «Sentence ID IBUBd2QRs9nEZkUJs3D2OF7KyzM https://thesaurus-linguae-aegyptiae.de/sentence/IBUBd2QRs9nEZkUJs3D2OF7KyzM», en T. S. Richter y D. A. Werning. (eds): *Thesaurus Linguae Aegyptiae, Corpus issue 18, Web app version 2.1.2, 11/24/2023, on behalf of the Berlin-Brandenburgische Akademie der Wissenschaften and*

Hans-Werner Fischer-Elfert & Peter Dils on behalf of the Sächsische Akademie der Wissenschaften zu Leipzig. Consultado el 28 de noviembre de 2023.

FAULKNER, R. O. (2002 [1962]). *A concise dictionary of middle egyptian.* Oxford: Griffith Institute.

FEDER, F., P. Dils, A. LOESCHNER, S. D. SCHWEITZER Y L. POPKO (2023). «Sentences of text "Sinuhe" (Text ID JIPPXMXOTNCQDIKJIQVYWMKOWU) <https://thesaurus-linguae-aegyptiae.de/text/JIPPXMXOTNCQDIKJIQVYWMKOWU/sentences», en T. S. Richter y D. A. Werning (eds): *Thesaurus Linguae Aegyptiae, Corpus issue 18, Web app version 2.1.2, 11/24/2023, on behalf of the Berlin-Brandenburgische Akademie der Wissenschaften and Hans-Werner Fischer-Elfert & Peter Dils on behalf of the Sächsische Akademie der Wissenschaften zu Leipzig.* Consultado el 30 de noviembre de 2023.

LANDGRAFOVA, R. y P. DILS (2023). «Sentences of text "Stele des Ichernofret (Berlin 1204)" (Text ID QDMTBLQIZZBMJGFKLESAITOSEI) https://thesaurus-linguae-aegyptiae.de/text/QDMTBLQIZZBMJGFKLESAITOSEI/sentences», en T. S. Richter y D. A. Werning, D. A. (eds): *Thesaurus Linguae Aegyptiae, Corpus issue 18, Web app version 2.1.2, 11/24/2023, on behalf of the Berlin-Brandenburgische Akademie der Wissenschaften and Hans-Werner Fischer-Elfert & Peter Dils on behalf of the Sächsische Akademie der Wissenschaften zu Leipzig.* Consultado el 19 de enero de 2024.

LESKO, L. H. (2002). *A dictionary of late egyptian*, vol. I. Providence: B. C. Scribe Publications.

— (2004). *A dictionary of late egyptian*, vol. II. Providence: B. C. Scribe Publications.

PREYS, R. (2023a). «Sentence ID IBUBdoSXaBoPLUqMvAwdqUYkjFY https://thesaurus-linguae-aegyptiae.de/sentence/IBUBdoSXaBoPLUqMvAwdqUYkjFY», en T. S. Richter y D. A. Werning, D. A. (eds): *Thesaurus Linguae Aegyptiae, Corpus issue 18, Web app version 2.1.2, 11/24/2023, on behalf of the Berlin-Brandenburgische*

*Akademie der Wissenschaften and Hans-Werner Fischer-Elfert &
Peter Dils on behalf of the Sächsische Akademie der Wissenschaften
zu Leipzig.* Consultado el 30 de diciembre de 2023.

— (2023b). «Sentence ID IBUBdoglvrYmwEnQrRHvsGSlVjk https://thesaurus-linguae-aegyptiae.de/sentence/IBUBdoglvrY-
mwEnQrRHvsGSlVjk», en T. S. Richter y D. A. Werning (eds):
*Thesaurus Linguae Aegyptiae, Corpus issue 18, Web app version
2.1.2, 11/24/2023, on behalf of the Berlin-Brandenburgische Akademie der Wissenschaften and Hans-Werner Fischer-Elfert & Peter
Dils on behalf of the Sächsische Akademie der Wissenschaften zu
Leipzig.* Consultado el 30 de diciembre de 2023.

Töpfer, S., S. Hoedt. S. Diepold y S. D. Schweitzer (2023). «Sentence
ID IBUBdz9hovaLdUWvoUrF2FUne9s https://thesaurus-lin-
guae-aegyptiae.de/sentence/IBUBdz9hovaLdUWvoUrF2FU-
ne9s», en T. S. Richter y D. A. Werning (eds): *Thesaurus Linguae
Aegyptiae, Corpus issue 18, Web app version 2.1.2, 11/24/2023, on
behalf of the Berlin-Brandenburgische Akademie der Wissenschaften and Hans-Werner Fischer-Elfert & Peter Dils on behalf of the
Sächsische Akademie der Wissenschaften zu Leipzig.* Consultado
el 30 de noviembre de 2023.

Topmann, D. (2023). «Sentence ID F35MWWVNORFJZAWOEI-
H74B56XI https://thesaurus-linguae-aegyptiae.de/sentence/
F35MWWVNORFJZAWOEIH74B56XI», en T. S. Richter, y D.
A. Werning (eds): *Thesaurus Linguae Aegyptiae, Corpus issue 18,
Web app version 2.1.2, 11/24/2023, on behalf of the Berlin-Bran-
denburgische Akademie der Wissenschaften and Hans-Werner
Fischer-Elfert & Peter Dils on behalf of the Sächsische Akademie der
Wissenschaften zu Leipzig.* Consultado el 28 de noviembre de 2023.

Schweitzer, S. D., con contribuciones de A. Sinclair (2022). «'hnw'
(Lemma ID 870608) https://thesaurus-linguae-aegyptiae.de/
lemma/870608», en T. S. Richter y D. A. Werning (eds): *Thesaurus Linguae Aegyptiae, Corpus issue 18, Web app version 2.1.2,
11/24/2023, on behalf of the Berlin-Brandenburgische Akademie
der Wissenschaften and Hans-Werner Fischer-Elfert & Peter Dils on*

behalf of the Sächsische Akademie der Wissenschaften zu Leipzig. Consultado el 28 de noviembre de 2023.

WERNING, D. A., E. N. ROSSETTI, J. COLLOFF y E. N. ROSSETTI (2023). «Sentence ID ICMBlEA6BL2E9UmvtosPGiG1Jag https://thesaurus-linguae-aegyptiae.de/sentence/ICMBlEA6BL2E9UmvtosP-GiG1Jag», en T. S. Richter y D. A. Werning (eds): *Thesaurus Linguae Aegyptiae, Corpus issue 18, Web app version 2.1.2, 11/24/2023, on behalf of the Berlin-Brandenburgische Akademie der Wissenschaften and Hans-Werner Fischer-Elfert & Peter Dils on behalf of the Sächsische Akademie der Wissenschaften zu Leipzig.* Consultado el 28 de noviembre de 2023.